Heinrich von Stein
Giordano Bruno
Gedanken über seine Lehre und sein Leben

**Von Stein, Heinrich: Giordano Bruno –
Gedanken über seine Lehre und sein Leben,
Hamburg, SEVERUS Verlag 2010.**

ISBN: 978-3-942382-10-6
Druck: SEVERUS Verlag, Hamburg, 2010
Lektorat: Rena Roßkamp, Mathias Munstermann

Bibliografische Information der Deutschen Nationalbibliothek:
Die Deutsche Nationalbibliothek verzeichnet diese Publikation in der Deutschen Nationalbibliografie; detaillierte bibliografische Daten sind im Internet über http://dnb.d-nb.de abrufbar.

Die digitale Ausgabe (eBook-Ausgabe) dieses Titels trägt die ISBN 978-3-942382-11-3 und kann über den Handel oder den Verlag bezogen werden.

© SEVERUS Verlag
http://www.severus-verlag.de, Hamburg 2010
Printed in Germany
Alle Rechte vorbehalten.

Der SEVERUS Verlag übernimmt keine juristische Verantwortung oder irgendeine Haftung für evtl. fehlerhafte Angaben und deren Folgen.

Giordano Bruno

Bruno wurde 1548 als Filippo Bruno im italienischen Nola geboren und starb 1600 auf dem Scheiterhaufen der römischen Inquisition.

Er lebte als Mönch im Dominikaner-Orden, bis er 1576 unter dem Vorwurf der Ketzerei aus dem Orden ausgestoßen wurde. In den folgenden Jahren trieb es ihn durch die wichtigsten kulturellen Zentren Europas, unter anderem Genf, Paris und London, wo er 1583 am Hof Elisabeths der Ersten Aufnahme fand. Von dort aus ging er nach Oxford, später weiter nach Marburg, Wittenberg und Prag. Wiederholt bemühte er sich um die Berufung auf einen Lehrstuhl für Philosophie, jedoch geriet er immer wieder in Konflikte mit den (zumeist klerikalen) Autoritäten und scheiterte daher. In dieser Zeit entwickelte sich die Philosophie des ehemaligen Mönchs deutlich weg von den kirchlichen Dogmen seiner Zeit und hin zu einer eigenständigen, allerdings konfliktträchtigen Weltanschauung, deren letzte Konsequenz der endgültige Bruch mit der Kirche sein musste. 1591 folgte er der Einladung eines angeblichen Gönners nach

Venedig und wurde von diesem an die Inquisition ausgeliefert, die ihn erneut der Ketzerei anklagte und ihn zum Tode auf dem Scheiterhaufen verurteilte.

So unangepasst wie seine Person war auch Brunos Philosophie. Das von der Kirche vertretene geozentrische Weltbild lehnte er ebenso vehement ab wie die generelle Vorherrschaft aristotelischer Gedanken in der Philosophie seiner Zeit; dagegen stellte er – in Anlehnung an Kopernikus – das Bild eines unendlichen Weltalls mit unzähligen anderen bewohnten Welten. Doch den Zorn der Kirche zog Bruno vor allem deshalb auf sich, weil er sich gegen die Idee des christlichen Schöpfergottes wandte (der in einem unbegrenzten Universum ohnehin keinen Platz hätte) und diesem einen Pantheismus vorzog, der sich das Göttliche als Teil aller Materie vorstellt.

Brunos Philosophie steht an der Grenze zwischen Renaissance und Moderne und hatte maßgeblichen Einfluss auf die Theorien bedeutender Denker wie Baruch de Spinoza, Gottfried Wilhelm Leibniz, Johann Wolfgang von Goethe oder Friedrich Nietzsche.

Heinrich Freiherr von Stein

Von Stein wurde 1857 in Coburg geboren. Er studierte Theologie, Philosophie und die Naturwissenschaften in Heidelberg, Halle und Berlin und habilitierte sich 1881 mit dem vorliegenden Aufsatz über Giordano Bruno. Er lehrte zunächst an der Universität Halle und von 1884 an in Berlin, wo er 1887 an einer Herzkrankheit verstarb.

Zu Beginn seiner wissenschaftlichen Arbeit widmete er sich vornehmlich der Erkenntnistheorie und Psychologie, doch zunehmend rückten vor allem Fragen der Ästhetik ins Zentrum seines Interesses. Die ohne Zweifel folgenreichste Station seiner Entwicklung war die Anstellung als Hauslehrer des Sohns Richard Wagners in Bayreuth, die von Stein 1879 annahm.

Hier vermengten sich seine ästhetischen Überlegungen mit völkischen und auch antisemitischen Theorien – mit der Folge, dass er sich dazu berufen fühlte, ein Ideal der ästhetischen Erziehung des Menschen zu formulieren. Nachdem ihm dieses Vorhaben, in Verbindung mit wiederholten Versuchen, in Vorlesungen über Wagner auch Germanenkult und Antisemitismus einfließen zu lassen, sowohl in Halle wie auch Berlin erhebliche Probleme mit den Universitäten eingebracht hatte, konzentrierte er sich wieder auf die Ästhetik und veröffentlichte 1886 sein Hauptwerk „Die Entstehung der neueren Ästhetik".

Der vorliegende Text birgt eine einfühlsame und bewegende Interpretation des Werks und Lebens Giordano Brunos, deren ästhetisierende Perspektive es von Stein ermöglicht, Brunos Philosophie und Person im Lichte seiner Poesie zu betrachten und so Facetten dieses komplexen und oft widersprüchlich aufgenommenen Denkers herauszuheben, die vormals weitestgehend unbeachtet geblieben waren. Vor allem aber feiert von Stein Giordano Bruno – beinahe dreihundert Jahre nach dessen Tod – als einen eigenwilligen und kompromisslosen Philosophen, der dem Geist seiner Zeit so weit voraus war, dass er bereit war, für seine Gedanken mit dem Leben zu bezahlen.

1.
Der Scheiterhaufen.

Das Gericht hatte das Urteil gefällt. Der unbußfertige Ketzer wurde der weltlichen Obrigkeit übergeben mit der herkömmlichen Weisung, ihn so milde als möglich und ohne Blutvergießen zu bestrafen. Danach erhob sich Bruno, der das Urteil knieend gehört, und sprach, zu den Richtern gewendet, nichts weiter als die drohenden Worte:

„Euch bangt wohl mehr bei meinem Todesurteil, als mir irgend vor dem Tode bangte."

Bangte ihnen, seinen Richtern, den Richtern des Heldendenkers Bruno? Damals vielleicht. Man vergegenwärtige sich die Weltlage zu jener Zeit. Das Heer Loyolas ist noch nicht vollzählig, noch bewaffnet der erneute Glaube den Arm eines Volkes zu ungemeinen Taten, England ist unwiederbringlich dahin, und das große Deutschland so protestantisch, daß man den Scheiterhaufen eines dreißigjährigen Völkermordes nötig haben wird, um der Bedrängnis der mütterlichen Kirche abzuhelfen. Vielleicht fürchtete man sich wirklich.

Ohne Grund. Und gar den Giordano Bruno, hätten sie ihn wirklich fürchten sollen? Das ist ein leidenschaftlicher Mensch, aber von solchen weltenthobenen Leidenschaften, wie sie Kirchen und Mächte dieser Erde nicht zu fürchten haben. Ein leidenschaftlicher Mensch, mit einem Zuge von schwärmerischer Trauer um den Mund, und mit stillen sinnenden Augen. Er sinnt ohne Aufhören, sinnt sich zu Tode. Schürt ihr den Scheiterhaufen eines Volkes, und laßt diesen Menschen sich selbst in den Gluten seines Sinnens und Sehnens verzehren!

Ja, es ist furchtbar zu sagen, die Wahrscheinlichkeit spricht dafür — und der Erfolg hat seinen Richtern Recht gegeben, wenn sie ihn ohne das mindeste Erbangen töteten; um so furchtbarer, als sie ihn demnach auch, ohne vor ihm zu zittern, hätten am Leben lassen können: sie töteten ihn achtlos, wohl selbst ohne eigentlichen Haß. Es gab Leute, die Bruno haßten, gute Freunde, Schüler und Mitlehrer. Solche gute Freunde haben ihn denn auch nach Venedig gelockt und verraten. Die Kirche mußte ihn dann verurteilen, schon weil er seinem Orden wortbrüchig geworden war.

Der entlaufene Mönch — das war ihr vielleicht schon genug. Mit seiner Philosophie scheinen sich die Inquisitoren nicht allzutief eingelassen zu haben, weshalb auch im Verhör der Beklagte ihnen oft kaum zu antworten wußte: es ist die Größe dieser Philosophie, daß sie, im tiefsten Grunde, mit jenen Fragen nichts zu schaffen hat, welche die bestimmenden Mächte in der Seele eines Inquisitors gewesen sind.

Giordano Bruno ist auf dem Blumenmarkte in Rom verbrannt worden. Der Mann, der den Ausspruch getan:

„Wer Körperschmerz fürchtet, hat nie am Göttlichen Teil gehabt"
ertrug die Qualen des Flammentodes, ohne daß ein Schrei, ja auch nur ein Seufzer über seine Lippen kam. Heute, in dem nicht mehr päpstlichen Rom, der *„terza Roma"*, wie das junge Geschlecht stolz genug versichert, hat man ihm auf der Stelle, wo einst sein Scheiterhaufen lohte, ein Standbild errichtet. Es ist eine Genugtuung, nicht ohne einigen historischen Stil. Wird man sich darum drüben im Vatikan zu fürchten haben?

Man wird sich nicht fürchten. Vor dem Liberalismus des neunzehnten Jahrhunderts erzittert eine Kirche nicht, die Renaissance und Reformation überdauert hat. Jene Zeit hingegen war in der Tat so beschaffen, daß sie aller Hierarchie ernsthaft bedrohlich zu werden schien. Zwar das gefährdete die Kirche nicht, daß eine Handvoll Menschen sich das Ansehen gaben, als ob sie wieder an Zeus und Hera glaubten; dafür gibt es heute, und gab es immer Millionen, die an gar nichts glauben: vor glaubenslosen Menschen fürchtet sich keine Kirche. Der deutsche Glaube Luthers aber, der drohte ihr mit Umsturz von Grund aus und mit ernstlicher Gefahr, und von ihm aus haben wir die wirklichen Lebenstriebe der Renaissance zu prüfen. Da gab es denn auch außer ihm schöpferische Menschen, die an sich glaubten, und den Himmel erschlossen ohne Petri Himmelschlüssel (wie denn Petrus auch auf Michelangelos jüngstem Gerichte mit seinen großen Schlüsseln erschrocken vor dem Weltrichter zur Seite steht), es gab Künstler, denen ihre Kunst eine lebenbestimmende und menschenbildende Macht sein sollte für sich und ihre Jünger, und etwas von einem solchen Künstler, wenn er auch nicht dem Bereiche der bildenden Kunst angehörte, war in Giordano Bruno, dem Dichter und Philosophen. Daß er unbedingt und prophetarisch wirken wollte, schöpferisch wirken durch die Mächte der Empfindung und nicht allein des Wissens, das machte ihn zum Helden, zum Bekenner, zum Märtyrer. Das erschließt sich uns als die Eigentümlichkeit seiner Person und Lehre, und es war zugleich das Machtvolle in ihm. Denn diese Erscheinung war nicht ohne Macht und Glanz. Frankreich, England und Deutschland hatten von den Worten des Nolaners wiederhallt. Wie es um seine Wirksamkeit, um Schüler und Anhänger im einzelnen gestanden — es ist dafür gesorgt, daß wir davon nichts mehr wissen können: aber die Welt hatte ihn gehört.

Das Jahr seiner Verbrennung ist 1600. Dieses Bild beschließt also das berühmte und glänzende Jahrhundert der Renaissance. Nun war wohl Untat genug darin, so daß man meinen könnte, es hätte ein solches Ereignis dem Jahrhundert, das es eröffnete, seinen Stempel aufdrücken sollen, das Bedürfnis nach Rächung dieser Untat. Aber auch nicht ein einziges Zeichen der Entrüstung oder des Entsetzens über Brunos Hinrichtung ist uns aus jenen Tagen erhalten. Die Kirche durfte ihn richten, ohne Bedenken, zertreten, achtlos wie einen Wurm, und ungestraft. —

Das Kulturland der jüngsten Jahrhunderte, das in jenen Zeiten erschlossene Amerika, katholisiert sich zusehends: der strenge Ultramontanismus, d. h. Jesuitismus, wird dort gerade so ernsthaft genommen und mit einer ebenso großlinigen Wirklichkeit ausgestattet, als dies in dem Lande der technischen Kraftentfaltung mit anderen, bekannteren und den Schein des Fortschritts an sich tragenden Dingen geschieht. Der numerische Zuwachs der katholischen Kirche in dem hochmodernen Amerika könnte viel geringer sein, und müßte uns doch die Augen öffnen darüber, was wir von unserer Civilisation im Wege des Ausgleichs und organischen Fortschrittes zu erwarten haben: nämlich nichts, keine Vergeltung für Untaten, die eben dieser Civilisation entkeimten, keinen Ausgleich für Spaltungen, die das ganze Wesen dieser Civilisation ausmachten, keinen wirklichen Fortschritt im Sinne von Gedanken, die dieser Kulturstufe nicht mehr angehören — nichts Neues, insofern nicht ungewußte Kräfte, ungeahnt entfaltet, etwas gänzlich Neues schaffen.

Inzwischen würde es unserer Aufgabe entgegen sein, bei diesem Gefühle der Trostlosigkeit stehen zu bleiben, mit dem uns allerdings das so äußerst harte und grausame Geschick jenes zartesten Denkers erfüllt; vielmehr haben wir uns darum zu bemühen, ob sich nicht aus dem Betrachten dieses Bildes für uns auch positive und trostreiche Belehrungen ergeben möchten, wo nicht in betreff unseres Geschickes, so doch für unser Gemüt.

2.
Die Renaissance.

Wie jung ist der Mensch, dieser jetzt so herrische Bewohner der lange menschenleeren Erde! Wie gering erscheint das Alter des Menschengeschlechts, gemessen an den Millionen Jahren terrestrischer Umwälzungen und organischer Bildungen, selbst wenn wir über die kurze Spanne bestimmter historischer Überlieferung hinaus noch die weiter hinaufsteigenden Traditionen ägyptischer, chaldäischer und indischer Priesterkasten hinzunehmen! Daran muß man sich erinnern, wenn man die anscheinende Hoffnungslosigkeit uns umgebender Kulturbedingungen als etwas doch nicht für alle Zeit Notwendiges erkennen will.

Die wenigen und kurzen Zeiten, deren verschwommenes Bild uns etwas wie die Züge einer wirklichen Kultur aufzuweisen scheint, und die man deshalb Blütezeiten zu nennen pflegt, zeigen einer anschauenden Phantasie ganz diesen, vergleichsweise zu reden, jugendlichen Charakter, und die Renaissance im besonderen will uns da wie das Erwachen eines Jünglings zu seinen ersten Gedanken erscheinen.

Wenn man einer Zeit das Wiederauffinden verlorener und begrabener Gestalten so hoch anrechnet, daß man sie schon deswegen als einen Brennpunkt der Menschengeschichte ansieht, so scheint dies den ganzen Umfang der Kultur dieser Zeit unter den ersten älteren Bildungsbereich des Hellenismus weit herabzusetzen. Die ersten Gedanken sind allerdings oft inhaltsärmer, als das, was dem Kinde geträumt hat; aber es sind keine Träume mehr. So ist es ganz allein das jugendlich heldenhafte Ergreifen gewisser Gedanken in der Renaissance, was den Gedanken und der Zeit ihren Wert gibt. Nur deshalb konnte auch das Wiederergreifen des Hellenentums, weil es nämlich mit Bewußtsein und im Sinne eines Kulturideals geschah, wirklich etwas Neues für den Menschen bedeuten, eine neue Regung seines Charakters. Damit stehen wir aber nur bei der ersten Stufe der Renaissance, nach der freilich die ganze Epoche benannt ward.

Man muß die Namen Kopernikus und Kolumbus nennen, um des eigentlichen Inhalts dieser Epoche gewiß zu werden. Himmel und Erde erschlossen sich. Wenn darüber ehrwürdige Dome erzittern, die heilige Zelle des Mönchs ihren innigen Zauber verliert, und die sammetweichen Farben des mittelalterlichen Dämmers verblassen — wenn eine durchaus sichere Innerlichkeit einem höchst unheilvollen Tasten, einem schließlich halt- und glaubenslosen Neuern weicht, wir müssen darum nicht verzagen. Es ist die Art, wie sich jene Bereiche erschlossen, es ist der heldenhafte Glaube Einzelner, der diese Renaissance zu einer Reformation, und uns wieder an sie glauben macht. Nicht freche Knabenhände sind es, die die Heiligtümer des Mittelalters entschleiern und entzaubern, auch die Renaissance hat ihre Gläubigen, Märtyrer und Helden.

Mit tiefem und gerechtem Zweifel an der endgültigen Bedeutung dieses Zeitalters mag es uns freilich erfüllen, daß ihre Helden wieder Märtyrer werden mußten; und deren Glaube, insofern er sich auf die wirkliche Umgestaltung der umgebenden Welt bezog, muß uns als Wahnglaube erscheinen.

Vielleicht nun dürfen wir dem einmal gewählten Bilde in dieser Richtung eine trostreiche Belehrung entnehmen. Es ist die Macht der Sehnsucht, die den Jüngling aus dem seligen Kindheitstraume weckt; bald muß er in der Schule der Enttäuschung erfahren, daß diese Sehnsucht sich nicht erfüllt, und daß die Welt nur Bescheidungen, keine Erfüllung hat. Seine Sehnsucht bleibt sein edelster Besitz, und dessen in sich gewiß zu werden, ist einzig etwas wie erfülltes Sehnen.

Dies Bild dürfte seinen, auch im Angedenken an den Scheiterhaufen eines Giordano Bruno, trostreichen Sinn dem erschließen, der die Bedeutung der deutschen Kunst und insbesondere der erst in den letzten Jahrhunderten zur Kulturmacht erwachsenen Musik recht zu würdigen weiß. Indem ein solcher sich nämlich von den nur äußerlichen Streuungen und Zwecken abwendet, und von den Fortschritten des nur politischen, des technisch-wissenschaftlichen Gebietes immer bloß bedingte Genugtuungen erwartet, erkennt er die tief innerlichen Seelenkräfte, welche sich zum Kunstwerk gestalten, als den wirklichen Mittelpunkt wahrer Hoffnung. Demnach leitet uns der entschiedene Gedanke an wahrhaft regeneratorische Möglichkeiten, wenn wir in der Darstellung des Helden jener Epoche von Mißlingen und einem trübselig hoffnungslosen Ende zu reden haben.

Ich habe eine Überzeugung, die ich nur zögernd ausspreche; nicht weil ich ihrer nicht gewiß wäre, denn sie ist das Gewisseste in mir. Die Ehrfurcht, die ich der Asche des Bruno schulde, heißt mich sie aussprechen. Eine Zeit, deren Menschen der Renaissance ebenso fremd geworden, wie das Mittelalter dem Hellenentum, eine solche undenklich ferne Zeit könnte eine Lebensform haben, in der Liebe als Kulturmacht eben jene Stelle einnähme, die heut ganz allein dem Glauben zugewiesen scheint. Wer weiß unter uns, wer von uns darf sagen daß er wisse, was es heißt: an die Seele des anderen glauben wie an die meine, so daß sie auch an die meine glauben muß, wie an sich selbst. Wer ahnt es? Aber Liebe ist eine tragische Gewalt, weit mehr als der nur feindselige Haß, der Staat, Volk und Menschheit, nach dem lauten Bekenntnis aller ihrer Denker, heute beherrscht. Welch gewaltiger Weltzustand muß es sein, wenn der Knabe Mensch einst zum Manne geworden sein wird. ‚Heimat des Menschen schiene dann die Erde, nicht mehr ein Wirrsal fremdzungiger neidvoller Länder, des Menschen Heimat zu kurzem Aufenthalt, zu mutvollem besonnenem Verweilen und mildem, verklärenden Vorüberziehen.'

3.
Die Zweiheit als Weltprinzip.

Mein Verlangen, in der Seele des Märtyrers der Renaissance zu lesen, seine Gedanken zu denken, und davon zu wissen, wie sie in ihm mächtig geworden sind und wie sie ihn zur Verlautbarung gedrängt haben, fand in seinem „Gastmahl am Aschermittwoch" (*cena delle ceneri*) zuerst einige Befriedigung und einen Anhalt zu bestimmteren, lebendigen Vorstellungen von dem Werden seiner Philosophie wie von dem äußeren Geschick seines Lehrerberufes.

„Smith: Sprachen sie ein gutes Latein?
Theophilus: Ja.
Smith: Gentlemen?
Theophilus: Ja.
Smith: Von gutem Ruf?
Theophilus: Ja.
Smith: Gelehrt?
Theophilus: Über und über.
Smith: Von guten Manieren, höflich, liebenswürdig?
Theophilus: Hm, sehr mäßig.
Smith: Doktoren?
Theophilus: Ja, ja und abermals ja, von

Oxford, glaube ich.

Smith: In Ehren und Würden?

Theophilus: Aber freilich. Auserwählte Leute, mit langer Robe, in Sammet gekleidet, der eine hatte zwei goldene Ketten um den Hals, und der andere, bei Gott, mit zwölf Ringen an zwei Fingern, sah wie ein reicher Juwelier aus, und stahl dir Augen und Herz, wenn er mit seiner kostbaren Hand kokettierte.

Smith: Wußten sie etwas vom Griechischen?

Theophilus: Ja, und vom Biere nun gar.

Prudentius: „Gar" klingt veraltet, vermeidet das Wort.

Frulla: Schweigt doch, Schulmeister, wir fragten euch nicht.

Smith: Kurz, wie sahen sie aus?

Theophilus: Der eine wie der Konnetable der Riesen- und Unterwelt, der andere wie der Buhle der Göttin der Ehrbarkeit.

Smith: So waren es gerade zwei?

Theophilus: Zwei ist eine geheimnisvolle Zahl.

Prudentius: *Ut essent duo testes.*

Frulla: *Testes*, warum?

Prudentius: Zeugen für die Gelehrtheit des Nolaners! *At mehercle*, Theophilus, warum nanntet ihr Zwei eine geheimnisvolle Zahl?

Theophilus: Weil ursprünglich alles zweifach angeordnet ist, nach der Lehre des Pythagoras. Endlich und unendlich, krumm und gerade, links und rechts, und wie es da weiter heißt. Zwei Arten von Zahlen gibt es: gerade und ungerade, die eine männlich, die andere weiblich. Zweifach sind die Triebe: ein hoher, göttlicher, ein niedriger, gemeiner. Zweifach sind die Regungen des Lebens: Erkenntnis und Leidenschaft; zweifach ihr Gegenstand: Wahrheit und Glück. Zwei Arten der Bewegung gibt es: gradlinig, so streben die Körper nach ihrer Erhaltung, und kreisförmig, so erhalten sie sich. Zweifach ist die Seinsart der Dinge: Materie und Form, zweifach die artbildenden Unterschiede der Substanz: verstreut und dicht, einfach und gemischt. Zweifach die Grundeigenschaften der Dinge: warm und kalt; zweifach die ersten Erzeuger der Gegenstände der Natur: Erdboden und Sonnenschein."

Darauf reden sie wieder in scherzhaftem, ja übermütigem Tone weiter.

Bruno ist kein Philosophierer des Absoluten, sondern ein lebensvoller Denker, geleitet von wirklichen Wahrnehmungen. Unbesonnen genug fordert man heute von vorne herein, als etwas, was sich von selbst verstünde, als höchstes und letztes Ziel alles Nachdenkens „monistische" Philosophie. Dem liegt gemeinhin der recht sterile Gedanke zu Grunde, daß man Alles überhaupt doch wohl in einem Begriffe zusammenfassen könne; Alles überhaupt, ohne Hinterhalt und Einschränkung, dieser Begriff wird sich Wohl allerwege nur einmal bilden lassen. Aber etwas anderes ist es, was wir von einer Philosophie begehren, wir sehnen uns nach lebendigen, ja leidenschaftlichen Äußerungen über den Gehalt und die Gesamtbeschaffenheit der Welt; und mit gänzlich leeren, kompendiosen Begriffen finden wir uns von tausend Philosophieen gegen eine abgespeist.

Die Bemerkung, daß wir es bis in die tiefsten Gründe des Seins immer mit einem Zweifachen zu tun haben, ist ungemein viel glücklicher. Um ihre metaphysische Ahnenreihe nicht noch über Pythagoras hinauf zu brahmanischen Spekulationen zu verfolgen, sondern uns lieber mit ihrer uns näher angehenden Descendenz zu beschäftigen: so erinnern wir nur an die unbedingte und als solche auch hier fast metaphysisch zu nennende Geltung, welche die Zwei, die Zahl überhaupt, in dem Wissenschaftssystem von Eugen Dühring erhält, dessen auszeichnende Eigentümlichkeit man etwa allgemein in die Verwertung exakter, positiver Kenntnisse zu vollen philosophischen Anschauungen zu setzen hat. Tritt nun eine solche Bemerkung, wie hier naturgemäß, nicht mit der vollen positiven Exaktheit auf, so ist sie um so glücklicher, je weniger sie sich als eigentliche Lehrmeinung in den Vordergrund drängt. Denn handelt es sich nicht bei endgültigen, philosophischen Doktrinen sogleich, ernsthaft und entschieden, um etwas dem Glauben nahe Verwandtes? Ohne jenen Grundzug der Empfindung, den wir nach seiner mächtigsten Erscheinung Religiosität benennen, läßt sich doch auch die eigentliche Energie einer philosophischen Lehre weder begreifen, noch nachfühlen und demgemäß anerkennen: wir müssen es aussprechen, daß wir Philosophie für mehr als bloße Wissenschaft halten, ähnlich wie uns Musik mehr als die Lehre vom Kontrapunkt bedeutet. — Nun tritt hier jedoch meist der weniger glückliche Fall ein: eine wirkliche, greifbare und kräftige Meinung über die letzten Gründe des Seins nimmt, anläßlich der in ihr vorhandenen religiösen Empfindung, die priesterhafte Form an, und kommt in dieser zur Geltung. So würde kein Philosoph, der etwa den von uns angeführten Gedanken Brunos über das Zweifache zum Mittelpunkt eines Systems machen wollte, im entferntesten so viel Beifall finden, als die persischen Priestervorstellungen über den Gegensatz oberster Gottheiten in allen Kirchenlehren und bei allen Völkern gefunden haben. Besser also, man hat sich die Fähigkeit bewahrt, eine Bemerkung über die Natur der Dinge aufzufassen, auch ohne dabei sogleich an die Aufstellung eigentlicher Lehrmeinungen und die sich hieraus etwa ergebenden Ungelegenheiten zu denken. In unserm Falle heißt dies offenbar, die Bemerkung genau so hören, wie sie gesagt ist; ein besonnenes, aber unbefangenes Gefallen an dieser Umrißzeichnung fällt demnach mit dem zutreffenden Verständnis des Schriftstellers Giordano Bruno zusammen.

Wenn eine Pflanze wächst, so ändern

dabei gewisse Nahrungssäfte ihren Ort; während sie vorher dem Erdreich angehörten, sind sie jetzt Bestandteile eines jungen Triebes geworden, den sie zum Entfalten bringen. Dem Stoffe nach ist alles gleich geblieben, doch aber ist eine wichtige Veränderung vorgegangen, die wir Kräften zuschreiben, Kräften die in der Wurzelfaser die Nahrung einsogen, sie von Zelle zu Zelle im Stengel der Pflanze emporhoben, sie neue Verbindungen eingehen hießen und schließlich dem Leben der Pflanze dienstbar machten. In allen Veränderungen nun ist eine derartige Zweiheit zu entdecken: Das gleichbleibende materielle Substrat der Veränderung, und die triebartig vorzustellende Ursache, warum und wie hier etwas in Bewegung geraten ist und demnach eine Veränderung ergeben hat. Eine ähnliche Betrachtung leitet uns zu einer entsprechenden Auffassung der einfachsten mechanischen Vorgänge. Ein stabiler Teil sich gegenseitig fesselnder Kräfte wird stets von den Kräften zu unterscheiden sein, die für die Bewegung des Systems in Frage kommen. Hier tritt uns die merkwürdigste, ja völlig typische Form der Zweiheit entgegen; es ist der Gegensatz von Spannung und Bewegung, Disposition und Vorgang, Wille und Tat, endlich von Sein und Werden überhaupt, von dem gesagt werden muß, daß ihn unter Voraussetzung einiger Ehrlichkeit, keine Philosophie beseitigt hat und keine je beseitigen wird. Denn man würde einem vermeintlichen gespenstisch all-einen Ursubjekt vorhalten müssen, daß es als ein ungestört allereinstes Ich nie auf das Du verfallen wäre und demnach zuverlässig die Welt des Dranges nicht erschaffen haben könnte.

4.
Bruno und die Scholastik.

Mit den beiden beringten Doktoren von Oxford, von denen im Anfange des Gastmahls am Aschermittwoch die Rede ist, hat es folgende Bewandnis.

Theophilus ist, wenn der Dialog beginnt, in der Erzählung des Gastmahls begriffen, das den ferneren Inhalt der Schrift ausmachen soll. Der Nolaner, so erzählt er, ist in ein vornehmes Haus mit den beiden Doktoren Nundinius und Torquatus eingeladen worden. Wie er nach mancherlei Hindernissen zu diesem Hause gelangt sei, wie er dort erst die fünf Aufstellungen des Nundinius widerlegt, und es hierauf mit dem Torquatus aufzunehmen gehabt habe, davon weiß Theophilus des weiteren zu berichten.

„Nun setzte sich Doktor Nundinius recht in Bereitschaft, lehnte sich ein wenig zurück, legte beide Hände auf den Tisch und sah sich eine Weile rings um — dann rückte er die Zunge im Munde zurecht, warf einen heiteren Blick gen Himmel, zeigte delikat lächelnd die Zähne und begann —"

„Torquatus sieht erhaben genug aus, wie der Göttervater in den Metamorphosen, wenn er mitten im Rate der Himmlischen seinen schweren Spruch dem elenden Lykaon entgegenblitzt. Er blickt auf seine goldene Kette nieder und mustert dann sogleich die Brust des Nolaners, wo allerdings eher hätte ein Knopf fehlen können. Dann richtet er sich auf, zieht die Arme vom Tische zurück und rückt an seiner Sammetmütze; er dreht sich den Schnurrbart, legt sein einbalsamiertes Gesicht in Falten, wölbt die Augenbrauen und bläst sich auf. Endlich setzt er sich mit einem furchtbaren Blick zurecht; an der rechten Hand spitzt er die drei ersten Finger zusammen und fährt damit fortwährend von rechts nach links hin und her." —

Diese dem Leben entnommenen Gestalten sind unzweifelhaft Gelehrte, mit denen Bruno einmal disputiert hat; sei es nun, daß sich die Schilderung auf ein, im Venetianischen Verhör erwähntes, Gastmahl im Hause seines Londoner Asylherrn, des französischen Gesandten Mauvissière; sei es, daß sie sich auf die Oxforder Disputation bezieht. Dies ist eines der wenigen Ereignisse aus Brunos Leben, dessen Zeitbestimmung

(11/13. Juni 1583) durch die damit zusammentreffende Anwesenheit eines polnischen Fürsten in Oxford möglich ist; ohne daß wir darum über ihren Verlauf, Ausgang und Bedeutung Genaues anzugeben vermöchten.

War die Oxforder Disputation einer von den entscheidenden Wendepunkten in Brunos länderreichem Lehrerleben? Es scheint, daß sein freimütiges Auftreten bei diesem Anlaß zur Aufhebung seiner Wirksamkeit an der Universität Oxford geführt hat. In Paris hat er ebenfalls mit der Universität in Beziehung gestanden. Nur will die Erscheinung eines wirklichen Philosophen unkirchlicher Art, eines Denkers ohne Tradition, dem seine Gedanken als eine Herzensmacht erstanden sind, das alles will nicht mehr in den Rahmen der mittelalterlichen Einrichtung passen. Die fachmäßige Einordnung mußte sich der wirklich universellen und unbedingten Erscheinung gegenüber schließlich als feindselig erweisen.

Was durfte ein Bruno überhaupt mit den Fakultäten gemein haben wollen, die, man überlege es recht, nicht Einen Satz gelehrt haben, der nicht heute vergessen und abgetan wäre? Ja, was mag in seiner Seele vorgegangen sein, wenn er, vielleicht aus bitterer äußerer Not, immer und immer wieder versuchte, sich in die Verhältnisse zu schicken, zu passen, wo er nicht paßte. Auch an der reformierten Universität in Marburg ist ihm verwehrt worden, öffentliche Vorlesungen über Philosophie zu halten.

Er selbst nun trug ja freilich nicht eine durch und durch neue Philosophie vor, sondern war tief in scholastischen Formen befangen. Die Hälfte seiner Schriften, die für uns wertlose Hälfte, ist lateinisch abgefaßt und scholastischer Denkweise angepaßt: in ihnen spielt ein Raimundus Lullus die Hauptrolle: Über den kompendiösen Aufbau und die Ergänzung der Lullischen Kunst — Das Lied der Circe, bestimmt zur Übung des Gedächtnisses — Von den Schatten der Ideen, welche zum Suchen, Finden, Anordnen und Anwenden verhelfen — Erklärung der dreißig Insiegel zur Auffindung, Anordnung und Bewahrung aller Wissenschaften und Künste — Von der kombinatorischen Erleuchtung des Lullus — das und vieles dergleichen sind die Titel seiner lateinischen Schriften. Schon die Titel dieser Schriften muten uns fremdartig an; jedoch waren die Gegenstände wohl zumeist solche, deren Behandlung er nicht umgehen konnte, wenn er sich das Wirken an den mittelalterlichen Universitäten ermöglichen wollte. Nur eine der allerletzten, die Schrift *de triplici minimo*, pflegt für die Kenntnis der eigentlichen Lehre Brunos herangezogen zu werden.

Wie verhüllt, wie tief verschleiert, wie unterdrückt tritt Wahrheit in die Welt des Wahns! Ein Funke, dessen Leuchten wir lieben, indes ihn schon die Nacht wieder verlöscht und begräbt. Der Erleuchter jener gerühmten Zeit erwachender junger Geisteskräfte — was sollen wir denn an ihm wirklich lieben, wenn der Leib, den er anhat, so moderhaft beschaffen ist? — Und man kann endlich fragen, was den Bruno denn aus seinen Klostermauern getrieben hat, was ihn den stolzen Universitäten so widerwärtig machte, und warum dagegen ihm diese stolzen Lehrer und Lichter endlich so klein und nichtig erscheinen durften?

Von den Ereignissen, die ihn losrissen und verketteten, haben wir nun eben keine Kunde. Wir müßten uns über sie Rechenschaft geben können, wie es uns aus jenem Jahrhundert etwan in dem Falle Luthers möglich ist. Geschichte wird uns wenig helfen, wollen wir uns einmal mit einem Geiste aus jenen Zeiten, die verflossen sind, begegnen und ihn wirklich verstehen. Innige Liebe Eines Wortes, das uns von einem solchen Geiste erhalten ist, Einer Zeile seiner Schriften, verschafft uns ganz allein lebendige Bilder, tief wohltuende Anschauungen; sie macht uns ganz allein ein eigentliches Eindringen in den Gehalt gewesener Dinge und Menschen einerseits möglich, andererseits wertvoll und unerläßlich, wenn sie einmal ihren rechten Gegenstand gefunden hat.

Gerade nun einem solchen Menschen gegenüber, dessen zeitliche Bedingtheit in Scholastik und Kirche mit dem Scheiterhaufen und fast völliger Vergessenheit geendet hat, ist es Pflicht der Nachwelt, durch diese Art der Betrachtung, durch Nachempfinden der inneren Seelentriebe seines Erkennens, das Glückliche, Gute und Glanzvolle der Erscheinung herauszuheben und darzustellen.

5.
Bruno und Kopernikus.

Er selbst, Giordano Bruno, muß uns durch solche Erfassung einer überlieferten Wahrheit bewundernswert erscheinen. Inniges, persönliches Verstehen der Kopernikanischen Ansicht vom Sonnensystem hat ihm die höchst glückliche Erweiterung und die entscheidende philosophische Verwertung dieser neuen Erkenntnis vermittelt.

Kopernikus und Kolumbus, sie sollten uns den sachlichen Inhalt der historischen Wendung, die man insgesamt Renaissance nennt, bedeuten: sie stehen auch an der Pforte des Brunonischen Gedankenbaues. Er führt einmal diesen unmittelbar neben jenem an:

„In unsern Tagen preist man den Kolumbus als den, von dem vorher verkündigt war: einst erscheint ein Jahrhundert im Laufe der Zeiten, wo der Ocean die Fessel seines Umrings zerreißt, und die Erde in ungeheurer Ausdehnung vor unseren Blicken da liegt." „In unseren Tagen" —; und wirklich ist es erst das Jahrhundert des Bruno, das die Entdeckung des Kolumbus beim Namen nennen konnte, und das von

Amerika als einer neuen Welt Besitz ergriff.

Die Weltkarte der Hellenen zur Zeit ihrer höchsten Kultur war eine unklare Abschattung des Mittelmeergebietes: von der Stellung der Erde im Weltraum hat sich zwar eine zutreffende Vorstellung bereits in der Schule des Pythagoras gezeigt, jedoch auf dem Höhepunkt der griechischen Blüte war dies schon wieder eine abgetane Sache. Jetzt, im selben Zeitpunkte, da man die Kugelgestalt der Erde praktisch zu ermessen begann, ward auch die Erkenntnis der Erde als eines Planeten, als eines Sternes unter Sternen, zu einer Macht, vor der die traditionellen Autoritäten des Mittelalters wie vor keiner andern erzitterten. Der Menschengeist entfesselte sich, indem er seine Bedingtheit als Sonnenstäubchen in der Unermeßlichkeit der Welten erkannte.

Für einen Menschen dieser Zeit, der um die Kopernikanische Auffassung wußte, mußte plötzlich einmal der Ausblick zum gestirnten Nachthimmel eine Offenbarung werden, keiner anderen im ganzen Umfang der anschaulichen Erkenntnis zu vergleichen. Doch haben sicherlich die meisten, und verständige Menschen, von dieser Auffassung, wie sie durch das posthume Werk des Kopernikus in Umlauf geriet, Kenntnis und Einsicht genommen als von einer naturwissenschaftlichen Kuriosität, einer These, wie irgend welche andere etwa den Aristoteles betreffende: aber einem Bruno ward sie Offenbarung. Ihm ward dieser Ausblick zum Sternenhimmel Ausgangspunkt seines Philosophierens und gewann damit für die gesamte Geschichte der Philosophie vielleicht sogar eine noch höhere Bedeutung, als das „*cogito, ergo sum*" des Descartes. Wenn nämlich auch wirklich dies es war, woraus schließlich die Erkenntnistheorie des letzten Jahrhunderts hervorging: so haben wir uns doch daran zu erinnern, daß eine solche Einsicht in die Natur unserer Vorstellungen zwar gründliche und notwendige Aufklärung zustande bringen mag, aber sich zu einer eigentlich philosophischen Auffassung der Dinge rein propädeutisch verhält. Zu der ewigen Ausgabe der Philosophie aber, eine Deutung von Gehalt und Wesen des Seienden zu geben, stehen die Ideen Brunos, und in erster Linie die Form seiner Erfassung der Kopernikanischen Lehre, in unmittelbarer Beziehung.

Wie reich kann eine Wahrheit sein! Eine Entdeckung erhält in ihrer eigentümlichen Erfassung als Gedanke schöpferische Kraft, obwohl sie aus vielen Spuren und Ansätzen wiederentdeckt und an sich selbst höchst einfach erscheint. In Ansehung des realen Inhaltes würde, zum Beispiel, die endliche Auffindung des Gesetzes der planetarischen Abstandsverhältnisse, als ein unmittelbarer Einblick in die Entstehung der astronomischen Ausgespanntheit der Welt, den bald wieder verbesserungsbedürftigen Kopernikanischen Vorstellungen überlegen sein. Die astronomischen Beobachtungen liegen in immer vollkommnerer Gestalt vor, und auch an den zutreffenden physikalischen Gesichtspunkten fehlt es nicht; nur der Analytiker zu ihrer Beherrschung und Verknüpfung hat sich noch nicht finden wollen. Und wenn er nun erstände, würde ein solches Gesetz gleicher Begeisterung begegnen? Würde es Gegenstand einer Überzeugung, eines Glaubens werden? — Wie glänzend steht dagegen jene Lehre im Brennpunkt einer schön erregten Zeit.

Wie brüderlich kann uns eine Wahrheit verknüpfen; wie kann es uns in diesem Sinne tief belehren, daß einer der glücklichsten Gedanken Brunos die Auffassung des Satzes eines großen Zeitgenossen gewesen ist, und daß die Worte, mit denen er von diesem spricht, fast als das Schönste gelten können, was er geschrieben hat.

„Kopernikus war von ernster, durchgebildeter, emsiger, reifer Sinnesart; ein Mann, der keinem früheren Astronomen nachsteht, außer in der Zeitfolge; ein Mann, der an natürlicher Urteilskraft einem Ptolemäus, Hipparch, Eudoxus und allen ihren Nachtretern weit überlegen ist: und das ist er geworden, weil er sich von einigen falschen Voraussetzungen der gemeinen und gewöhnlichen Philosophie — daß ich nur nicht Blindheit sage — losgemacht hat. Er steht ihr noch nicht allzuferne, denn er hat von der Mathematik gelernt und nicht von der Natur; deshalb hat er nicht in die Tiefe gehen, er hat die schiefen und nichtigen Vorstellungen nicht von Grund aus vertilgen können, wodurch ganz allein sich alle Schwierigkeiten hätten heben lassen, und er, sowie andere alle leeren Untersuchungen über bestimmte und gewisse Dinge losgeworden wären."

„Und dennoch, wer kann sie aussagen, die Geistesgröße dieses Deutschen: achtlos der törichten Menge, wie stand er fest gegen den Strom der gegnerischen Meinung. In Ansehung lebendiger Beweise beinahe waffenlos, nimmt er jene bei Seite geworfenen und verrosteten Bruchstücke aus dem Altertum wieder auf, unter seinen Händen werden sie blank und fügen sich fest zusammen, trotz all seiner mehr mathematischen als natürlichen Methode: er gibt einer schon längst lächerlichen, abgetanen und verrufenen Ansicht Ansehen und Wertschätzung zurück, er macht sie wahrscheinlicher, als die entgegengesetzte, und legt sie, in Theorie und Rechnung, in einer handlichen und klaren Form vor. Also hat dieser Deutsche, obschon seine Wendungen nicht genügten, um die Unwahrheit gänzlich zu besiegen, zu unterjochen und zu unterdrücken, doch festen Fuß gefaßt in der bestimmten Überzeugung, zu der er sich für seine Person aufs klarste bekannte, daß man endlich doch mit Notwendigkeit schließen werde: viel eher bewegt sich diese unsere Erdkugel im Verhältnis zum All, als daß etwa die ganze Menge aller dieser unzähligen Körper, von denen wahrscheinlich viele herrlicher und größer sind als die Erde, der Natur und aller Einsicht zum Hohn, deren unmittelbarster Ausspruch eine laute Versicherung des Gegenteils ist, jene als Mittelpunkt und Grundlage ihrer Bahnen und Wirkungen anzuerkennen habe.

Nun denn, dem Streben dieses Mannes gegenüber wäre es elend und schlecht, seine große Bedeutung zu vergessen; denn die Götter haben ihn wie eine Morgenröte dem Sonnenaufgang der alten wahren Philosophie vorausgesandt, die lange Jahrhunderte hindurch in den dunkeln Höhlen der blinden, bösen, trotzigen, neidischen Unwissenheit begraben lag. Wer wollte wegen dessen, wozu er nicht imstande gewesen ist, diesen Mann zum großen Haufen rechnen, zur Herde, die hin- und herläuft, sich treiben läßt und mehr hörend als sehend in blindem und unwürdigem Meinen drauf los rennt; nein, er gehört zu denen, die, glorreichen Sinnes, ihren eigenen Weg gegangen sind, und hoch stehen, weil sie der allerglaubhaftesten Weisung einer Sehkraft voll göttlicher Erkenntnis gefolgt sind."

6.
Die Vielheit der Welten.

Bewiesen ist, so sagt Bruno, die Ansicht des Kopernikus von diesem selber keineswegs, und auch Brunos eigene Versuche, die Sternennatur der Erde zu beweisen, müssen wir unzureichend und unzutreffend finden. Was diese beiden Geisteshelden der Welt mitzuteilen hatten, war übrigens auch unter sich verschieden, jedoch darin sich verwandt, daß es über bloße Beweisbarkeit, so zu sagen, erhaben war. Die Tat des Kopernikus bestand in der Durchbrechung des alle fesselnden Augenscheins, eine Tat, und wenn sie auch in einer noch weit weniger streng bewiesenen wissenschaftlichen These bestanden hätte, als seine Leistung noch immerhin ist. Der unweigerlich fortbestehende Augenschein mußte durch die feinere astronomische Beobachtung und deren Zusammenfassung aufgehoben und auf die einfache Bewegung der die Sonne umkreisenden Planeten zurückgeführt sein, ehe Bruno die Sternennatur der Erde zu einem Gegenstand systemschaffender Überzeugung machen konnte: aber dies war darum nicht weniger eine Geistestat für sich. Die tiefsten Mächte der Überzeugung behaupten sich erfahrungsmäßig auch in starrstem Gegensatz gegen den Augenschein: also kann im Gebiete sinnlicher Wahrnehmungen nicht über Überzeugungen entschieden werden; vielmehr war, den Glauben an den höchstwesentlichen Vorrang der Erde unter den Gestirnen zu brechen, ein eigenes, heldenhaftes Unternehmen Brunos — was sich denn nun freilich mit einem bloßen Beweis-Unternehmen noch weit weniger deckt.

Brunos eigene Überzeugung vom richtigen Sachverhalt ist durchaus eine Empfindung, der der Ausdruck in Begriffen und Schlüssen nur tastend gerecht zu werden vermag. Man kann, ohne zu kühn oder gar paradox zu erscheinen, die Ansicht aussprechen, daß das Gefühl für das sich Entsprechende in den Dingen nicht nur der Auffindung eigentlichen gesetzmäßigen Zusammenhanges regelmäßig vorhergeht, sondern diesem letzteren auch schließlich noch überlegen ist: es ist dies der künstlerische Zug des philosophischen Erkennens. Kann doch, von dieser Seite betrachtet, selbst ein philosophischer Irrtum einen gewissen Wert für die Empfindung behalten

— wie könnte denn sonst die Geschichte der Philosophie mit ihren grotesken Verirrungen uns dennoch so zu Herzen sprechen? Einen gewissen Wert, sage ich, denn freilich werden die Gesichtspunkte „wahr" und „falsch" nicht durch ein So-Empfinden aufgehoben.

Wenn mich eine Wolke durcheinanderfahrender Vögel an das windbewegte Gezweig eines Baumes erinnert — oder eine wohlumgrenzte, tiefblaue und schönberuhigte Meeresfläche an das Glückesbegehren in der Menschenseele gemahnt — oder wenn indische Weisheit den ersten Hauch der Sehnsucht, des Dranges, der aus sich all diese Welt geboren, der leisen weißlichen Trübung des nächtlichen Horizonts verglich, die ein gewaltiger Sturm und tobendes Ungewitter wird — so sind solche Anschauungen vielleicht die wichtigste Vermittelung, durch die ein wirkliches, innerliches Wissen von Leben, Menschen und Welt Zugang zu unserer Überzeugung erhält. Nichts weiter, wenn man will; das bestimmtere Wissen darf für sich dann Formeln und Gesetze fordern. Nur aber gerade über die letzten Dinge, die uns Tag und Nacht keine Ruhe lassen, ob ihnen schon nie eine Wahrnehmung nahe kommen kann, und demzufolge auch keine Formel und kein Gesetz entsprechen will, müssen wir uns vielleicht endgültig an der Hand solcher Anschauungen, ja unter dem Zwange künstlerischer Eindrücke zu verständigen suchen; wogegen nur noch der Einwand bliebe, daß man sich großenteils über jene letzten Dinge gar nicht verständigen will, vielmehr in betreff ihrer gerade der Gedankenlose seine Philosophie ganz für sich allein zu belieben pflegt, was denn freilich „die Philosophie" zu einem sehr zerfahrenen Wesen machen würde.

Unsere Gewißheit davon, daß in der Gesamtheit der Dinge, in allem und jedem etwas ist, was dem tiefsten Wesen unsers eignen Innern entspricht, ist eine solche Anschauung, ein solcher Glaube. Und überzeuge man sich, auf welchem wissenschaftlichen Stege man auch immer will, von dem, was schließlich in den Dingen insgesamt als einheitlich gesetzmäßig anzunehmen ist, — den eigentlichen Inhalt dieser Überzeugung vermittelt einzig das Gefühl, das uns überkommt, wenn wir die Gegenstände da vor uns betrachten, und etwa den Spaten ergreifen, damit das Land zu bauen:

daß nämlich allüberall uns ein derartig greifbares Etwas entgegentrete; allüberall, in Welten, an die die Wahrnehmung noch nicht einmal durch das fernste Sternenlicht heranreicht, dieser Greifbarkeit der unmittelbare Charakter der Dinge durchaus und völlig entspreche; daß diese Hand demnach ganz ebenso, als ob sie zugleich allüberall angegriffen hätte, in diesem Augenblick das All ergreife, und somit recht eigentlich begreife.

Eine derartige Empfindung also hat auch unseren leidenschaftlichen Denker zu der Überzeugung geleitet, daß jene Sterne Welten seien, wie die unsrige. Er fühlt in sich den mütterlichen Drang des Alls. Er fühlt, wie diesem eine Vielheit der Welten entsprechen müsse. Er fühlt, wie ihn und nur ihn in der Ungezähltheit der Welten anzutreffen, innigste Gewißheit sei.

„Seht und erkennt die mütterliche Gottheit, die uns von ihrem Leib erhält und nährt, die uns aus ihrem Schoß geboren hat, in ihrem Schoß uns wieder einst begräbt. Lebten wir auf dem Monde, oder auf anderen Sternen, es wäre dort nicht viel anders als auf der Erde — besser, schlechter, je nach dem Glück des Lebenden daselbst.

Die Sterne, diese göttlichen Leuchten, hunderttausende an Zahl, sind nur das andachtsvolle Priestertum der ersten, allgemeinen, ewigen Kraft. Ein Himmel, ein unendlich weiter Raum, in dem die Lichter ihren Ort behalten, der Erhaltung unaufhörlichen Lebens dienend: so offenbart uns diese Welt von Licht die wahre, rege Spur des ewigen Lebensdranges."

7.
Die Beseeltheit der Welt.

Weltseele, Beseeltheit der Welt, gibt einen guten Sinn, wenn das Wort ganz allein eine gewisse, dem All innewohnende Einheitlichkeit bezeichnen soll, unter ausdrücklichem Ausschluß des Gedankens einer bloß äußerlichen Einheit.

„Weltseele, Gottheit, ist nicht allgegenwärtig, wie etwa ein Materielles überall wäre; dies ist ein unmöglicher Gedanke, es handle sich nun um einen Körper oder um einen Geist; sondern — ich will euch die Art und Weise klar zu machen suchen. Erwägt zunächst, daß, wenn ich von der Weltseele aussage, sie sei überall, ich dies schon deshalb nicht materiell verstehen kann, weil sie als solches nichts Materielles ist, also auch nirgends so angetroffen werden kann; vielmehr in geistigem Sinne ist sie, in ihrer Gesamtheit, überall. Um ein freilich grobes Bild zu gebrauchen, so könnt ihr euch vorstellen, daß eine Stimme als ganzes überall in einem Zimmer ist, insofern sie im ganzen Zimmer verstanden wird: in diesem Augenblick werden meine Worte hier alle von allen verstanden, wenn auch tausend das

Zimmer füllten; von meiner Stimme könnte man also, wenn sie zu aller Welt dränge, sagen, sie sei als Ganzes überall. Seele ist nicht individuell wie der Punkt, sondern wie die Stimme, Gottheit ist nicht überall, wie das Kruzifix in der Kirche von Grandezzo, von dem der Pfarrer, um die Größe Gottes begreiflich zu machen, gepredigt hatte, man solle es sich größer und immer größer vorstellen, bis es die ganze Kirche fülle; — denn dann wäre es wohl überall gewesen, aber nicht als Ganzes überall, sondern der Kopf unterm Dach, die Füße am Boden, Brust und Arme dazwischen —: die Gottheit ist vielmehr an jedem Orte, so wie meine Stimme in jedem Teile dieses Zimmers verstanden wird."

Die Nachbildungen Brunonischer Philosophie, die man, zum Teil, auch in sehr berühmt gewordenen Systemen der letztvergangenen Jahrhunderte zu erkennen, heute mehr als früher geneigt sein dürfte — ich erinnere nur daran, daß zu der Abhängigkeit des großen Spinoza von Bruno, die bereits von Schopenhauer vermutet worden war, sich haben zahlreiche Belege auffinden lassen, daß der Zusammenhang Leibnizens mit unserem Philosophen, und die

Entlehnung wenigstens des Wortes „Monade" kaum mehr bezweifelt wird, und daß Schelling wenigstens durch den Titel seines „Bruno" sich ausdrücklich zu ihm bekannt hat — sie lassen sich in ihrer Rangordnung dem Original gegenüber vielleicht am besten danach beurteilen, wie sie diesen Analogiegedanken einer Beseeltheit der Welt ihrerseits dargestellt haben. Man begegnet nämlich häufig, und wohl nicht nur bei Leibniz, einer Anschauung, als sei in den Dingen so etwas wie „Vorstellung" in irgend welchem gefesselten, gedämpften, unbewußten Zustande anzunehmen. Das ist so falsch, daß es uns auf die Dauer nicht einmal mehr gelingen will, auch nur den geringsten deutlichen Begriff mit einer solchen These zu verbinden. Was soll denn „Vorstellung" für uns bedeuten, als allein eine Bewußtseinsregung in unmittelbarer Beziehung zur Gewinnung einer Erkenntnis, da ihr einziger, so zu sagen, handgreiflicher Typus im Wahrnehmungsbilde vor uns steht? In diesem Sinne unterscheidet ja aber gerade das Vorhandensein oder Fehlen der Vorstellung die verschiedenen Klassen der Dinge von einander, und zwar entscheidend und völlig. Sobald wir in einer Pflanze irgend etwas annehmen müssen, was von ferne den Namen „Vorstellung" verdient, so ist dieses Objekt irrtümlich Pflanze benannt worden, und wir werden es von jetzt an Tier benennen — ein Fall, wie er dem Naturforscher in den Grenzbereichen wohl begegnen könnte. Wer wollte im Felsblock, in der Meereswoge oder in irgend einem ihrer Teilchen von irgend etwas derart reden, wie es in uns die Vorstellung ist; das wäre frivoles Dilettieren mit undeutlichen Auffassungen der Natur, das zum Glück nahezu unmöglich wird durch die Verbreitung exakten Naturwissens: nie und nimmer ist das Philosophie.

In Fels, Meer und Pflanze empfinde ich aber freilich ganz deutlich etwas mir Gleichartiges; wobei sich denn als Element der Empfindung etwas zeigt, was auch in mir gerade mit der Vorstellung gar nichts zu tun hat, ihr gar nicht eigentlich zugänglich ist. Sage ich nun, Fels, Meer und Pflanze haben eine Seele wie der Mensch, nach der Weise Brunos; so ist das, zunächst, ein ebenso einfacher und zutreffender Ausdruck für den entschiedenen Gedanken, daß der Mensch, das Subjekt aller Aussagen über die Dinge, doch selbst mit allen seinen geheimsten Tiefen dem Reich der Dinge völlig angehöre — als der dem neunzehnten Jahrhundert geläufigere: der Mensch habe ebensowenig eine Seele, als Fels, Meer und Pflanze. Meine ganze Existenz mit Geist, Seele und Leib, oder wie man sie sonst benennen mag, ist im Laufe der Natur, am Leitfaden der Ursächlichkeit, ebensowohl vollauf zu begreifen, als das Wachsen irgend einer Pflanze, oder die Brandung der Meereswoge; ob ich dann diese Gesamtheit des ursächlichen Zusammenhanges, als Tatsache aufgefaßt, Welt schlechthin oder Weltseele benenne, das entscheidet sich danach, ob mich die Weite eines solchen Umblicks schon entscheidend genug ergreift, ob mir die Einheitlichkeit der Dinge an sich selbst schon einen besonderen Effekt entlockt, einen bestimmten Namen abnötigt. Das also tritt uns als der wirkliche, sachliche Inhalt dieser berühmten These zunächst entgegen; im Grunde ist der Gedanke der „Weltseele" bei Bruno eine redlich materialistische Wendung, nur ohne die, bei gleicher Gelegenheit, in den jüngsten Tagen zum Vorschein gekommene, schließlich geradezu entsetzliche Nüchternheit, andererseits ist auch von phantastischen Superstitionen und dergleichen nichts darin anzutreffen. Weiterhin gewährt dann freilich einen viel tieferen Einblick in Ansehung der Beseeltheit der Gegenstände das Eingehen auf den bestimmten Inhalt der Empfindung; der letzten Empfindung vom eigentlichen Wesen des Ich sowohl, als der bestimmten Empfindungen, die mich beim Anblick einer himmelhoch starrenden Felswand, des übermächtig hehren Meeres, und der liebevoll sich erschließenden Pflanze überkommen. Denn der künstlerischen Auffassung zeigen die Gegenstände der Anschauung wirklich, über alle ursächliche Verknüpfung hinaus, noch eine gänzlich andere Seite; welchem ideellen Gehalt der Dinge wir genau in dem Sinne, in dem unsere Empfindung wirklich von ihm ergriffen wird, auch volle Realität zusprechen müssen. Als der so empfundene reine Inhalt der Anschauung der Dinge, haben die „Ideen" Platos volle Wirklichkeit; als dieses eben, als Repräsentanten der künstlerischen Anschauung, hat sie Schopenhauer sublimerweise erkannt.

Daß ich in mir „Seele" empfinde, ist etwas dem künstlerischen Auffassen der Dinge Analoges, ganz allein durch diese Art der Auffassung zu Erläuterndes; deshalb bekommt die an die tiefsten Fragen der Philosophie heranreichende Wendung Brunos, von den Dingen wie von mir eine Beseeltheit auszusagen durch die Hervorhebung des Empfindungswertes der Dinge und dessen künstlerische Darstellung ihre eigentliche Bedeutung.

Auch abgesehen von dieser künstlerischen Erfassung der Ideen in den Gegenständen der Anschauung, bleibt die Doktrin von der Weltseele bei Bruno ein lebensvoller Ausdruck der realistischen Einsicht in die Wesens-Zusammengehörigkeit aller Dinge, uns selbst inbegriffen; ein lebendiger Ausdruck, insofern sich in dieser Art, von der Gesamtheit der Dinge bewegt zu werden, auf Seiten des Urhebers des Systems ein philosophischer Affekt positiven Inhalts, gleichsam eine künstlerische Auffassung des Weltganzen kund gibt. Wir haben bereits bemerkt, daß selbst die spiritualistische Bedeutung der in Rede stehenden Benennung, bei genauer Erwägung der einzelnen Äußerungen Brunos, nicht genug ins Gewicht fällt, um den gewissermaßen materialistischen Sinn der Doktrin verbergen zu können. Spiritualismus und Materialismus sind dieser Art von höchst abstrakter „Beseeltheit" gegenüber, wenn wir ein Beispiel von ebenfalls universellem Umfange anführen wollen, in der selben Weise indifferent, wie eine tatsächliche Auffassung der Natur ebensowohl die materielle Beschaffenheit aller Kraftvorgänge, als die Kraftnatur jeder bestimmten Erscheinungsform der Materie hervorheben kann.

„Alle Dinge haben in sich Seele, Leben, in Ansehung ihres Bestandes, nicht in Ansehung ihrer Wirkungsart nach außen. Das sind alles grobe Begriffe von „Leben" und „Seele". Seele ist das schöpferische Gestaltungsprinzip der Welt, und aller Einzeldinge; in ihnen allen gebietet Seele der Materie, herrscht in den Zusammensetzungen, und bringt die Verbindung und Einheit der Teile zu einem Dinge hervor."

In jedem Gegenstande, der mich als ein Ding ergreift, spricht Natur ein eigenes Wort zu mir; die Verursachung, die Bedingtheit tritt nicht als solche in mein Bewußtsein, sondern das Ergebnis, das Ding selbst ergreift mich. Jede neue Knospe hat, bei aller Regelmäßigkeit und Zusammengehörigkeit, etwas in sich, was sie von allen

Geschwistern unterscheidet, vielleicht nur die Zeit des Erblühens, vielleicht nur die Stelle ein wenig seitwärts am selben Zweige, — und was mich doch gerade in ihr einmal ergreifen kann, wie nirgends anders, und niemals sonst: sie ist eine eigene, unbedingte Tat der Natur, so gut, als der ferne Nebelfleck voller Sonnensysteme etwas für sich zu sagen hat. — Inzwischen ist eben auch eine bestimmte Natürlichkeit in all diesem mit völliger Gewißheit verbürgt, die nicht nur in allen Knospen einer Pflanze eine und die selbe ist, obgleich sie hier gerade sogleich als bestimmtes Gesetz hervortritt, sondern auch in der Knospe die selbe, wie in jenem weltenfernen Sternenhaufen.

Diese letztere Einsicht ist das belebende Prinzip eines gesetzmäßigen Naturwissens. Jene erstere aber erhält ihren wirklichen Gehalt, wenn sie den Maler ergreift, dem Erzittern seiner Seele gerade dieses Waldes sichtbare Form zu leihen — oder den Dichter, daß er den neuen Sommer besingt, den doch, im immer gleichen Laufe der Begebenheiten, wie alle anderen Herbst und Winter begraben — oder den guten Menschen, daß er die Blume grüßt, die ihm gerade hier entgegenblüht, und sich in ihren Anblick verliert.

Die beiden Einsichten sind der Kernpunkt der nolanischen Philosophie. Es ist etwas in ihnen, was uns, wenn wir an ihren einzelnen Vortragsweisen und Ausdrucksformen haften, immer wieder entschlüpft und gleichsam zwischen den Fingern zu zerrinnen droht. Es ist etwas in ihnen, was aus allem Wust des Klosters und der Scholastik heraus den heiligen Wahn des Bruno ausmachte, was ihn zum Helden schuf, und, erhaben ist es zu denken, des Martyriums würdigte.

8.
Heimatlos.

Sein Stolz, die Kraft seiner Entrüstung, die ganze Eigenart Giordano Brunos lassen den Südländer, den Neapolitaner deutlich erkennen. — Es konnte mich oft tief ergreifen, wenn ich einem Italiener nördlich der Alpen begegnete; das nördliche Europa ist trotz aller civilisierten Staatenbildung für den Anwohner des Mittelmeers Barbarenland geblieben, denn es ist trüb und kalt, wie zur Zeit der Thraker und Geten. Die Renaissance ist vielleicht eben so ein ausgestoßenes Kind des Südens; einen gewissen Reiz des holdesten Anscheins hat sie nur, auf kurze Zeit, in Italien, dagegen für die ganze nicht-italienische Welt ist sie eine nüchterne, bitter ernsthafte Epoche. So konnten denn Geschichtsschreiber katholischer oder ästhetisierender Tendenz die deutsche Reformation und ihren Bereich, diesem Gegensatz zufolge, als unheilvolle und verbrecherische Reaktion gegen das Blütenzeitalter der italienischen Renaissance darstellen.

Und doch heißt das ganz gewiß, den eigentlichen, inneren Charakter, auch der italienischen Renaissance verkennen. Sie hatte in einem allgemeinen Entbrennen für entschwundene, bildnerische Schönheit zuerst aufgeleuchtet; aber auch bereits auf dem Höhepunkt dieser, der Kunst-Renaissance, begegnen wir Werken, deren dämonischer Inhalt ihrer verhältnismäßig zufälligen Kunstform überlegen erscheint: und schließlich tritt das einzig lebenskräftige Element dieser Epoche als sachlicher Inhalt klarsichtiger Entdeckungen und Forschungen im Bereiche der Natur hervor. Wie nun Bruno durch die Erfassung eines Kopernikus sich der Befangenheit der Scholastik siegreich enthob; so wurde durchaus das Anklammern an wahre Autoritäten in der Renaissance eine Triebkraft und ein Kampfmittel zur Auflehnung gegen die falsche Autorität, die man die Welt beherrschen sah. Deshalb ist die Reformation die höchste Renaissance-Tat; und ebendeshalb müssen wir auch bereits in ihr den gesunderen Keim jenes Geistes der Auflehnung erkennen, der sich, durch die folgenden Jahrhunderte hindurch, in der Reihe immer wieder unvermeidlich hervorbrechender, obwohl immer besiegter und äußerlich direkt erfolgloser Revolutionen kundgibt — dieses unerloschene, ja immer heftigere Gefühl einer Zerrüttung des Leibes der Menschheit, die sich nicht mehr verschleiern mag, weil sie sich kaum mehr verschlimmern kann, dieser Schmerz einer Krankheit, die man nicht zu nennen, und dieses Begehren nach einer Heilung, die man nicht zu ahnen vermag — unheilvoll, blutig unheilvoll das Alles, aber gerade darin erkennen wir die eigentliche innere Aktion des Zeitalters, die sich von den Jesuiten nicht völlig hat vernichten lassen, und sich nun auch nicht etwa am Ende von ihnen ableugnen lassen wird.

„Die Erde möge dir leuchten," sagt Jean Paul einmal erhaben und schön, „als ständest du über ihr, und sähest ihrem Lauf im Himmel nach." Solch ein Lebenslauf, wie der Giordano Brunos, ist wohl einem Gestirne zu vergleichen, dessen Bahn mit ihrem Glänze uns erhebt und beglückt; doch aber treibt es uns, von dieses Gestirnes eigenem, inneren Erglühen zu wissen: denn was uns, den Betrachtern, leuchtet und scheint, ist ihm im Herzen Flamme und Glut. „Das ist alles so schön zu sehen," hält der ästhetische, hellenische Mensch dem Philosophen des Schmerzes vor: „aber es zu sein, ist ganz etwas anderes," setzt Schopenhauer ernst hinzu.

So gemahnt uns Leben und Lehre des Bruno, es gemahnt uns seine Heimatlosigkeit, sein Schweifen durch Frankreich, England und Deutschland, sein vergebliches, nie vielleicht völlig erfolgloses, schließlich aber immer ruhloseres Suchen und Versuchen in Genf, Toulouse, Paris, Oxford, London, Wittenberg, Prag, Helmstedt und Frankfurt wie ein bedeutendes, weithin sichtbares und darum glänzendes Abbild des mächtigen Kulturgeschicks der Renaissance. Aber für sich selbst, in seinem Inneren, wie oft fühlte sich da, wehmütig genug, der Sohn des seligen Kampaniens doch ganz allein als ein aus seinem Eigen Verstoßener und Verbannter!

Folgen wir dem Verlauf des „Gastmahls am Aschermittwoch", so treffen wir auf Stellen, in denen man den Herzenszustand solcher Heimatlosigkeit hindurchempfindet durch die zum Teil drollige, zum Teil entrüstete Schilderung der Londoner Scenerie und des englischen Wesens.

Florio hat sich erboten, den Nolaner zu jenem Gastmahl zu begleiten, wo er würdige Hörer seiner philosophischen Gespräche finden werde. Die verabredete Zeit verstreicht, der Philosoph besucht einige italienische Freunde; endlich, die Sonne ist schon untergegangen, holt ihn Florio eilig ab: die beste Gesellschaft erwarte ihn. Durch dunkle, unheimliche Straßen gelangt man zur Themse, und beschließt den Weg zu Wasser zurückzulegen. „*Oars, oars,*" so ruft man nach den ‚Gondolieren'. Endlich und sehr langsam kommt ein Boot herangefahren; nach vielem Hin- und Herfragen ‚woher, wohin, warum, wie, wie lange' legen die Leute zum Einsteigen an; ein schwarzer Sharon bietet dem Nolaner den Arm zur Stütze, und die schmutzigen Planken des Kahns krachen und knirschen: man muß nur hoffen, daß es keine wirkliche Tharonfahrt sein werde, denn der Kahn scheint an Alter eine Arche Noah und aus der Sündflut übrig geblieben zu sein. Trotz der langen Arme der Ruderer machen die Ruder nur kleine Fortschritte; lange Zeit und wenig Vorwärtskommen. Da lassen denn die beiden, zum Knirschen der Planken und dumpfen Rauschen des Themsewassers, wehmütig und scherzhaft zugleich ein neapolitanisches Liedchen erklingen. Plötzlich legt der Kahn an. Die Bootsleute erklären, nicht weiter fahren zu wollen, denn hier sei ihre Wohnung. Bitten macht sie nur hartnäckiger.

„Denn der rohe Mensch widersteht eisenfest den Pfeilen des Liebesgottes. Der rohe Mensch tut nichts aus Liebe zum Guten, kaum etwas aus Furcht vor Strafe; bittest du ihn, so wird er wild, schlägst du ihn aber, so wird er sanft, und prügelst du ihn mit Fäusten zu Tode, so betet er dich an."

Kurzum, man muß aussteigen. Der Weg führt über Schmutzhaufen. „Der Nolaner, der mehr studiert und erlebt hat, als ein anderer, sagt: ‚der Weg ist schmutzig; aber mutig! vorwärts!' Kaum gesagt, so kann er sich auch schon kaum mehr heraushelfen."

Sie glauben in den Himmel zu kommen, als sie wieder in der ersten breiten Straße sind; bald aber findet sich, daß sie ungefähr dahin zurückgekommen sind, von wo sie ausgegangen waren, nämlich dicht zu der Wohnung des Nolaners. „Recht wie das intrikateste Gespräch, man dialektiziert, man verknüpft und sondert, rätselt und enträtselt, Abgründe, Labyrinthe und Erschleichungen — und die Lösung am Ende? "

9.
Brunos Dialoge.

Die Philosophie Brunos steht wie etwas Fertiges, ja Bekanntes hinter derartigen schriftstellerischen Kundgebungen, wie es die in London 1584/5 erschienenen, italienischen Schriften sind. Der mehr beiläufige und persönliche Charakter dieser Dialoge, vor allem aber die Art, wie hier auf die Lehre des Nolaners hingewiesen wird, als hätte sie bereits ihre Priester und Propheten auf allen Gassen, beweist, daß das Leben Brunos in anderen Dingen bestanden hat, oder zum mindesten bestehen sollte, als Bücher zu schreiben. Seine Wirksamkeit als Lehrer, sein mündliches, persönliches, und, nach der Stellung des „Nolaners" in den Dialogen zu urteilen, beinahe prophetenhaftes Auftreten ist der entscheidende Zug dieses reichen Lebens. Seltener und immer erst im schließlichen Verlauf des Gesprächs kommt es zu Darlegungen und Auseinandersetzungen; dagegen leuchtet oft plötzlich durch das gelegentlichste Hin und Her ein Sonnenstrahl der entschiedensten, bestimmtesten Erkenntnis eines grundlegenden Prinzips hindurch: das eigentliche Thema ist die Person, die persönliche Stellung und Geltung des Nolaners. Es muß den Bruno bei der Konzeption dieser Dialoge etwa die Idee geleitet haben, gleichsam Sokrates und Plato zugleich zu sein; Sokrates in Ansehung der unmittelbaren persönlichen Wirksamkeit, Plato in Ansehung der schriftstellerischen, ja künstlerischen, dichterischen Verewigung eines solchen Denkerlebens. Man verfällt auf diese Analogie gerade bei der Erzählung der äußeren Begebenheiten, die das Grundgerüst der Gespräche bilden: wenn vom Nolaner erzählt wird, wie er ging und kam, so ist der Ton ganz der gleiche, als wenn, in der Einleitung der Platonischen Dialoge, an allen Stellen überhaupt, die sich auf die Schilderung der Situation beziehen, von Sokrates in dritter Person geredet wird. Wenn jedoch dieser, Sokrates, sodann das Gespräch, das den Inhalt der Schrift ausmacht, selbst führt, so ist die Darstellungsweise Brunos um einen Schritt mittelbarer: an die Stelle des Nolaners tritt immer sein alter ego, Theophilus oder Philotheus, so daß also nicht nur, was jener getan und was ihm begegnet, sondern auch was er gedacht und gesagt hat, von diesem Andern dem Leser erzählend vermittelt wird. Man könnte sagen, daß Teofilo um so viel mehr Weltmann und Nicht-Philosoph ist, im Vergleich zu dem Nolaner selbst, als eben in diesen Dialogen von schmutzigen Straßen, der Themse und englischen Boxern gelegentlich die Rede ist, und nur schließlich, nur hier und da von den Erleuchtungen nolanischer Philosophie.

So geht z. B. das Gastmahl am Aschermittwoch keineswegs vor unseren Augen vor sich, nicht die Gespräche dieses Gastmahls bilden unmittelbar den Inhalt des nach ihm benannten Dialogs; er wird auch nicht etwa dem Nolaner als Erzählung in den Mund gelegt, sondern noch mittelbarer, durch Teofilo von diesem berichtet; nur so konnte der Vorteil der großen Ungezwungenheit des Berichts gewonnen werden. Wir vermuten also, daß Giordano Bruno für eine ernsthafte und nachdrückliche Bekanntschaft mit feinem Gedankenkreise anderweitig durch persönliche Wirksamkeit gesorgt wußte oder glaubte, und daß, von sich zu sprechen, und davon wie es ihm, dem berühmten Redner und vielgesuchten Gesellschafter so manchmal ergehe, sein eigentliches Bedürfnis gewesen sei, als er diese Dialoge, und besonders, als er den ersten unter ihnen, das Gastmahl am Aschermittwoch, schrieb.

Eine einzelne Wahrnehmung, wodurch diese Vermutung unterstützt wird, will ich hier gleich anführen; sie betrifft die in allen Dialogen wiederkehrende Figur des lateinischen Pedanten, Prudenzio, Poliinnio, Burchio genannt. Man vermag sich nicht recht zu überzeugen, inwiefern sie zu dem Gang der Dialoge notwendig sei; konnte das ihr anheimfallende *ritardando* alberner Unterbrechungen wirklich einmal launig erscheinen, so erscheint es uns doch fast nur noch sonderbar: die ganze Gestalt erinnert an traditionelle Lustspielfiguren, die ihren eigentlichen Inhalt verloren haben, aber aus Gewohnheit beibehalten werden — an den Pulcinell, der in neapolitanischen Lustspielen heute noch in seinem weißen Maskenanzuge mitten unter Fräcken und Pariser Moden seine Scherze verübt. Indessen besinnen wir uns wohl, ehe wir an ein solches, wenn auch nur formales Zugeständnis bei Bruno glauben; gewisse Zugeständnisse sind ihm späterhin nicht durch acht Jahre Kerkerhaft abzugewinnen gewesen. Wie viel lebendiger wird doch die Vorstellung von der Abfassungsart der Schriften Brunos, wenn man annimmt, daß ihm selber wirklich oft so geantwortet ist, wie Prudentius in den Dialogen antwortet, daß dies also geradezu eine Gelehrtenfigur war, mit der er häufig im Leben zu tun hatte. Man erinnere sich, daß ein Bacon noch etwa derselben Generation später, in London, versichern durfte, die Kopernikanisch-Brunonische Weltansicht beruhe auf einem „Stammesidol", einem allgemein menschlichen, verstandesmäßigen und gegen die unmittelbare Wahrnehmung ungerechten Vorurteil zu gunsten eines gesetzmäßigen Verhaltens der Natur, und sei hiermit abgetan. Gerade weil dieser doch jedenfalls einer der Begabtesten, ein lauter Vertreter des Fortschritts des Gedankens gewesen ist, und durch seinen beispiellosen Erfolg, nämlich die Schöpfung der gesamten englischen Philosophie und wissenschaftlichen Denkweise, so hoch berühmt weiden konnte, erklärt eine solche Tatsache viel von einem Prudentius, Nundinius und Torquatus. Diese sind denn nun freilich etwas grotesk geraten, aber brauchen darum nicht minder lebenswahr zu sein. Lateinische Zwischenreden, grammatikalische Einwendungen, bombastisch bilderreiche Paraphrasen, das mochte dem Bruno oft so herzlich lästig gefallen sein, daß es ihm eine Genugtuung war, einen seiner inhaltreichsten Dialoge anfangen zu können: „Um Gotteswillen, Meister Polyhymnius, nun unterbrecht einmal unsere Unterhaltungen nicht mehr!"

10.
Persönliches Wirken.

Eine gewisse persönliche Wirksamkeit steht hinter dem Schriftsteller Bruno, weil sonst in den uns hier beschäftigenden Schriften von der nolanischen Philosophie nicht so als von einer feststehenden und bekannten Tatsache die Rede sein könnte. Demnach wird uns gerade das — nämlich der Entschluß zum schriftstellerischen Sichaussprechen — zum Erkennungszeichen von Erlebnissen, was im Leben selbst das Gegenteil eines äußeren Ereignisses zu sein pflegt, ja auch vielleicht in diesem Falle eine Art von Hemmungserscheinung im Bereich des äußeren Lebens gewesen ist. Und es kann dann die Art und Weise, wie man einem Gedanken Worte leiht, oft deutlicher kundgeben was in der Seele vorgeht, als der materielle Inhalt dessen, was gesagt wird. Wer sich zu Taten berufen fühlt, der wird sich immer nur mit einiger Resignation zu schriftstellerischen Verlautbarungen anschicken. Um hier nicht den allbekannten kecken Ausdruck des Verfassers der Räuber zu wiederholen, so sei vielmehr an die Worte erinnert, mit denen Richard Wagner, wenn er, voll von Werken ganz anderer Natur, sich Jahrzehnte hindurch immer wieder auf vorläufige Mitteilungen durch den Druck angewiesen sah, diese Nötigung bezeichnet als eine Abfindung „in der Absicht, dem Künstler, wenn nicht sein Schaffen, so doch seine Wirkung auf die Laienwelt zu erleichtern." „Und daß ich mich hierzu befähigt fühlen durfte," fährt er fort, „ist vielleicht nicht die geringste Gabe, welche mir vom Schicksale für die Welt, die ich in unserer Zeit als schaffender Künstler durchwandern sollte, als Notpfennig mitgegeben wurde; denn ohne ihre Hilfe hätte ich, etwan bloß so mit der Leyer in der Hand, es unmöglich darin so lange aushalten können."

Es sind ja nun nicht etwa wieder die zahlreichen lateinischen Schriften, deren Titel ich oben anführte; und von denen einige allerdings vor dem „Gastmahl am Aschermittwoch" verfaßt sind, auf die, als auf einen Codex eigentlicher nolanischer Philosophie sich die betreffenden Äußerungen der Dialoge irgend beziehen könnten. Denn in diese scholastischen Schulbücher hat der eigentliche Gedankeninhalt eines Bruno ebensowenig gepaßt, als seine Lehren schließlich, trotz aller Anläufe und Versuche, in die mittelalterlichen Fakultäten passen wollten. Vielmehr scheint sich Bruno von ihnen einmal von Grund aus losgemacht zu haben, als er die uns beschäftigenden Londoner Schriften schrieb. Um in seiner Eigenart literarisch hervorzutreten, griff er zu dieser wirklich poetischen Ausdrucksform, zu diesen lebendigen, lustspielartigen Erzählungen und Gesprächen, er griff zu seiner überfließend üppigen, italienischen Muttersprache.

Damit war ihm ein genialer Griff wohl gelungen, der, in kühl nordischer, englisch nebelhafter Umgebung zunächst wieder an den Italiener, das Kind der italienischen Renaissance, gemahnt; auch darin, daß er dialogisierte Kundgebung dem damals schon namhaft werdenden philosophischen Essay vorzog. Ebenso entschieden aber tritt uns in dieser Formwahl, keck und glücklich, wie sie uns erscheinen muß, der Künstler, der Dichter Giordano Bruno entgegen.

Warum kam für den poetisierenden Denker nicht der Roman, die Novelle, die „Phantasie" in Frage, wie etwa für den Modernen? Das mag uns lebhaft genug in die literarischen Bedingungen, unter denen Bruno stand, in die literarische Umgebung, für die er schrieb, hineinversetzen. Zu der gewiß entscheidenden und von uns deshalb an erster Stelle erwähnten Erinnerung an Pluto trat wahrscheinlich auch die an Lucian und an die Gespräche des Plutarch; ja selbst mönchischer und Renaissance-Liebhaberei für Terenz wird uns der grotesk lustspielartige Ton der Dialoge gedenken lassen, umsomehr, als eine antikisierende Posse „Der Leuchter", vom Jahre 1582, eine von Brunos ersten Schriften überhaupt gewesen ist. Aber daß zu jener Zeit das Volk sich in Dialogen über die Gegenstände der ernstesten, öffentlichen Teilnahme unterhielt, in solchen Dialogen, wie sie den Inhalt namenloser und von herumziehenden Händlern verbreiteter Volksbücher aus den ersten Jahren der reformatorischen Bewegung in Deutschland ausmachen, das ist vielleicht eine der sprechendsten, zeitgenössischen Analogieen, durch die man die Gesprächsform bei Bruno literarisch erläutern kann. Wenn man sich ferner erinnert, daß zur selben Zeit und am selben Orte Shakespeare dichtete, so darf man es ja wohl von ferne anführen, daß unter so gleichen äußeren Umständen der Schauspieler zum erhabensten Dichter, und der tiefsinnige Denker zum Dialogenschreiber geworden ist; von ferne anführen, ohne darum einen Augenblick zu vergessen, wie sehr der Dialog eines Bruno, am Bilde dramatischer Gestalten gemessen, nur äußere Form ist: so lebendig, munter und farbenreich immerhin, als es die anschauliche Gesprächsführung und die sprudelnden Redewendungen des geistreichen Italieners mit sich bringen — lebendiger und farbenreicher, als die späteren, wissenschaftlich starren *Discorsi* Galileis, auf die man in Ansehung der nationalen Zusammengehörigkeit, und als auf eine ähnliche Formwahl bei verwandtem Gegenstände immerhin ebenfalls hinzuweisen hat.

Wie sehr würden jedoch dergleichen Kundgebungen ihren Zweck verfehlen, und wäre dieser auch nur, ein anderweitiges, persönliches Auftreten zu unterstützen, wenn die Maske des bloß novellistischen Gespräches nie fiele, wenn nirgends ernstere, lehrhafte Auseinandersetzungen ihren Platz fänden. Im vierten und fünften Dialog der *cena delle ceneri* lehrt Theophilus wirklich, wie es Bruno der Nolaner im Leben nur immer getan haben mag, und selbst in dieser übermütig lebendigen Schrift gelangt schließlich die lehrhafte Form bis an die Grenze einer gewissen Starrheit. Vielleicht nun unterstützt dies eine, unserer bisherigen Auffassung dem Anscheine nach völlig entgegengesetzte Annahme. Vielleicht glich nichts im Leben Brunos der Rolle, die der Nolaner in den Dialogen spielt, vielleicht war gerade der gänzlich vereinsamte, hinsichtlich jeder äußeren Wirksamkeit gelähmte Gelehrte auf den Gedanken geraten, vermittelst dieser poetischen Figur sich in eine Welt lebendigen Wirkens hineinzudichten? Diese anschaulichen ja übermütigen Schilderungen könnten im Kloster erfunden sein!

Wir wissen das Stück historischer Wahrheit, das auch in dieser Annahme ist, sehr wohl mit unserer Auffassung zu verweben. Unmittelbar nämlich, darauf wiesen wir schon hin, verdanken diese Dialoge wahrscheinlich ihr Entstehen einer gewissen äußeren Hemmung. Der Erfolg der Lehrvorträge Brunos in Paris steht unbezweifelt fest: die Grundzüge der nolanischen Philosophie waren dort ein Gegenstand ernster Erregung der Geister, und Brunos Auftreten ein Triumph gewesen. Waren jetzt, in England, von vornherein seine Ansprüche größere, ließ der Inhalt seiner Vorträge den revolutionierenden Charakter seiner neuernden Denkweise deutlicher erkennen, — gewiß ist, daß im Vergleich gegen Paris der äußere Erfolg in Oxford und London auf sich warten ließ; unter einem Volke, welches ihm in allen Teilen roh und in jedem Falle teilnahmlos für das Beste, was er zu bieten hatte, erschien, unter diesem Volke und in diesem Augenblicke konnte Bruno wirklich und greifbarerweise den „Nolaner" als einen Glücklicheren, Größeren neben sich erblicken: das ist der verständliche und wahrscheinliche äußere Anlaß zu der Konzeption dieses zweiten, höheren Ichs. An Disputen, Gastmählern und Abenteuern braucht es darum auch in England nicht gefehlt zu haben — wenn auch an Taten und Erfolgen: jene sind im „Gastmahl am Aschermittwoch" sicherlich getreu der Natur nacherzählt, und nicht erfunden.

Wir haben die Abneigung des neapolitanischen Philosophen gegen England erwähnt. Nach einem Jahre Aufenthalt kann er kaum zwei oder drei englische Worte, und Frulla weiß ihm, im „Gastmahl" dazu Glück zu wünschen, da er in dieser Sprache gar viel Unwürdiges und Unangenehmes hören und sehr bald in Versuchung geraten würde, sich eine Taubheit zu wünschen, die ihm nun von selbst eigne. — Er mochte nichts, nicht einen Pflasterstein in London leiden, und hatte das Bedürfnis daraus kein Hehl zu machen.

Vielleicht waren ihm besondere Absichten vereitelt worden. Inmitten der Schmähungen der englischen Umgebung finden sich verehrungsvolle Anrufungen der Königin Elisabeth, hohe Lobpreisungen des Grafen Leicester. Der äußere Anschein des protestantischen Hofes der jungfräulichen Königin konnte immerhin Hoffnungen in dem Philosophen erwecken, und zum mindesten durfte er hier Begünstigung begehren, ohne damit seiner Philosophenwürde etwas zu vergeben. Wenn diese nun ausblieb — wir wissen nicht anzugeben, ob sie sehr lange oder ob sie gänzlich ausgeblieben ist — so schrieb er dieses Ausbleiben vielleicht ebenfalls der ihm auch unmittelbar widerwärtigen englischen Luft zu, und glaubte ein Recht zu haben, ja hatte ein Recht, England, und insbesondere das wissenschaftliche England anzugreifen.

Ein gewisser Lehrerfolg hatte vielleicht mehr seiner Persönlichkeit, als seiner Philosophie gegolten; als auch dieser verhältnismäßig ausbleibt, beginnt sein eigentlicher Gedankeninhalt sich schriftlich auszuprägen, nicht mehr verhüllt durch die Schleier einer absterbenden Scholastik, sondern in den Umkleidungen schriftstellerischer Virtuosität, und schließlich in dichterischer Kunstform hervortretend. Der reiche, glänzende, expansive Philosoph hatte vom Erfolg gekostet, Lehrstühle und Königshöfe hatten ihm offen gestanden, oder schienen ihm offen zu stehen; dagegen aber in dem Augenblicke, da er zu uns, der Nachwelt, den Geschlechtern, die nach ihm gekommen sind, zu sprechen anhebt, ist er einsamer und stiller geworden. Das Unglück beginnt dem Denkerhelden die Züge aufzuprägen, die unsterblich geworden sind.

11.
Bewusstsein der eigenen Bedeutung.

Sprach man nach dem Erscheinen der „*cena*" von Brunos Heftigkeit? Waren diejenigen, die richtiges Gefühl genug gehabt haben, eine so fremdartige Erscheinung, wie das ‚Gastmahl am Aschermittwoch' überhaupt zu beachten, waren sie weniger auf die Philosophie des Nolaners, als auf die Gereiztheit des fremden Philosophen aufmerksam geworden? Liegt eine charakteristische Aufnahme dieser ersten Schrift, liegen weitere Disputationen und Lehrvorträge — und weitere Teilnahmlosigkeit zwischen der Abfassung der *cena delle ceneri* und der des berühmten zweiten Dialogs „*de la causa, principio et uno*"? Da wird gleich zu Anfang Erklärung, Umdeutung und Zurücknahme des Gastmahls gefordert, im Tone Eingeweihter, die selbst der nolanischen Lehre anhängen. Es ist alles fertiger geworden, in jedem Falle die philosophische Grundansicht selbst, die, wenn auch in ihren Hauptzügen dem Bruno schon lange bewußt, doch der Darstellung zugereift war; die Stellung zum Erfolg, zu London, ist vornehmer, zurückhaltender, und vielleicht um so bittrer; es sind verständige Leute, die die Unterredung beginnen, und die grotesken Schemen eines feindseligen Publikums treten gegen einige ernsthafte Zuhörer zurück, deren Bruno — oder der Nolaner — oder Filoteo gewiß geworden ist.

„Armesso: Was wollt Ihr antworten, wenn sie Euch nun, nach alle diesem, einen zornmütigen Zyniker schelten?

Filoteo: Ich müßt es einräumen, wenigstens zum Teil.

Armesso: Und wißt Ihr nicht, daß nicht beleidigt werden, sondern sich selbst beleidigen Schande bringt?

Filoteo: Meine Beleidigungen sind Abwehr, die der anderen Angriff.

Armesso: Auch die Götter müssen sich beleidigen, bereden und berufen lassen, aber die sie beleidigen, bereden und berufen, das sind arme, niedrige, unbedeutende und böse Menschen.

Filoteo: Ganz gewiß, darum beleidige ich eben auch nicht, sondern wehre nur Beleidigungen ab, die nicht mir, sondern der mißachteten Weisheit angetan waren: ich will damit erreichen, daß zu den bisherigen Ärgernissen keine neuen gefügt werden.

Armesso: Ihr wolltet die Zähne zeigen, damit man Euch in Ruhe lasse?

Filoteo: Ja. Man soll mich in Ruhe lassen. Das Unbehagen behagt mir nicht.

Armesso: Immerhin, alle Welt sagt, Ihr geht zu heftig vor.

Filoteo: Sie sollen mir nicht wiederkommen, und ein andermal soll sich besinnen, wer mit mir oder mit einem Andern, der solche Dinge zu sagen hat, disputieren will.

Armesso: Die Beleidigung geschah im Privatverkehr, die Strafe ist öffentlich.

Filoteo: Und gerecht. Es gehen manche Dinge im Stillen unter den Leuten vor, die man öffentlich geißeln soll.

Armesso: Ihr tut eurem Ruf zu nah, Ihr werdet mehr getadelt als Eure Gegner, denn in der Öffentlichkeit heißt man Euch nun hitzig, überspannt, sonderbar, einen Strudelkopf.

Filoteo: Was kümmert's mich. Sie sollen mir nur nicht lästig fallen, deshalb habe ich ihnen den cynischen Stock gewiesen, nun lassen sie mich und mein Tun in Frieden: wollen sie mir nicht schön tun, so sollen sie mich doch auch nicht quälen.

Armesso: Und Ihr meint also, ein Philosoph dürfe Rachegedanken hegen?

Filoteo: Handelte es sich um nichts weiter, als um eine Xanthippe, so wollte ich gerne den geduldigen Sokrates dazu abgeben.

Armesso: Besinne dich. Für alle schickt sich Langmut und Geduld; denn dann gleichst du Helden und den erhabenen Göttern, die sich spät rächen, oder aber nach andern, sich weder rächen noch erzürnen.

Filoteo: Rache lag gar nicht in der Absicht meiner Worte.

Armesso: Sondern?

Filoteo: Rüge; wenn wir andere zurechtweisen, dann sind wir den Göttern ja ähnlich genug. Läßt übrigens nicht Jupiter den Vulkan auch Festtags über schaffen? Beständig fühlt der dazu verdammte Amboß die Schläge der Hämmer, der eine hebt sich, der andere fällt nieder — warum? Es sollen die gerechten Blitze zu allen Stunden die Schuldigen treffen.

Armesso: Ihr seid nicht Jupiters Schmied und der Venus Gemahl.

Filoteo: Ich gleiche ihnen doch wenigstens in Langmut und Geduld, denn ich habe eben meinen Unmut gezügelt, und meinem Zorn noch nicht den Sporn gegeben.

Armesso: Es kommt nicht jedermann zu, die Menschen zu bessern, und am allerwenigsten die Menge.

Filoteo: Ganz gewiß nicht; denn die Menge geht mich allerdings nichts an.

Armesso: Man sagt, allzugroßer Eifer im fremden Lande schicke sich übel.

Filoteo: Und ich sage: wenn dich ein fremder Arzt heilen will, wo es dein Landsmann nicht vermag, so töte ihn dafür nicht; weiter aber sage ich: jedes Land ist dem wahren Weisen Vaterland.

Armesso: Wenn dich jene nun aber weder für einen Weisen, noch für einen Arzt, noch für ihren Landmann nehmen wollen?

Filoteo: So bin ich es darum doch.

Armesso: Wer macht dich dessen gewiß?

Filoteo: Die Götter, die mich hierher berufen haben. Ich, der ich mich hier befinde. Und die Sehenden, die mich sehen."

12.
Nochmals die Renaissance.

Ein erweitertes Weltbild, neue, jugendlich und heldenhaft erfaßte Aufgaben in Naturwissen und Menschheitsbildung, das ist, wie er in vereinzelten Gestalten uns ergreift, durchaus der eigentliche Geist der Renaissance. Die Spuren einer tatkräftigen Gesinnung, die wahren Glauben gegen falsche Glaubensmächte entfesselt, und wirkliche Prophetengestalten mitten im Kampfe gegen ein überkommenes Priester-und Prophetentum erschafft: diese geben der Mitte unseres Jahrtausends den Charakter einer neuen Zeit.

Die ästhetisch erfreuliche, und freilich auch in sich höchst wertvolle Erscheinung des *cinque cento* gehört für uns in das Ganze dieser Antriebe, dieses Aufschwungs. Es ist der kenntlichste dieser Antriebe und wird deshalb, häufig genug, zur Kennzeichnung der ganzen Epoche ausschließlich verwandt. Beruht doch im Grunde das Urteil über ein Zeitalter fast immer auf Eindrücken, die man einmal von der Kunst dieses Zeitalters empfangen hat: wer wollte darin einen Zug tiefer Berechtigung verkennen? Nur besinnen wir uns wohl, und vergessen wir über der Kunst des Malers die Natur seines Gegenstandes auch dann nicht, wenn diese letztere uns ebenso unhold gemahnt, als jene uns erfreulich anmutete. So erinnere man sich des Porträts Karls des Fünften von Tizian; oder werfe nur einen Blick auf irgend ein anderes jener Zeit, mit Stutzbart, Ringkragen und spanischer Zwangsjacke. Man muß den kalten, nüchternen und feindseligen Ausdruck dieser Menschen bemerken; und dann erschrickt man wohl, wenn man plötzlich wahrnimmt, daß dieser Rock und Hut zuerst die kenntlichen Züge heutiger Tracht aufweisen.

In der Tat, wenn uns das schöne und erhabene Gesamtbild hellenischer Plastik auf den menschentümlichen Gehalt der Epoche zurückweist, aus der es hervorging: auf das gewaltige Aufbäumen eines Göttervolkes gegen rings umgebende Übermächte, von Marathon bis Chäronea — und mitten in all diesem die Kultur Athens; so erfolgen dagegen aus den Ansätzen und Antrieben der Renaissance wohl Religions- und Revolutionskriege, dreißigjährige Länderverwüstungen und fortdauernde dynastische Länderstreite, aber keineswegs etwa das beruhigte Walten, die abschließliche Schöpfung einer lebendig wirklichen und tatsächlich bestimmenden, religiösen, menschenbildenden Kultur. — Auf jene Ansätze und Antriebe bleibt deshalb unsere Erwägung des Geistes der Renaissance angewiesen; wie unsere Darstellung, in betreff des Philosophen dieser Epoche, auf die Hervorhebung der persönlichen Grundtriebe seines Wirkens und Wissens in ihrem nicht doktrinären und systematischen, sondern gelegentlichen, dichterischen Hervortreten sich verwiesen findet.

Worauf die Unvollkommenheit und das Fehlschlagen der Renaissance, im Gegensatze zu dem genugtuenden Bilde hellenischer Kultur klar ersichtlich, im tiefsten Grunde beruhe? Ob auf einer wohl gar zu den Kräften der Erde, oder doch wenigstens zu den ideellen Ansprüchen einzelner unverhältnismäßigen Vermehrung des Menschengeschlechts? Denn freilich, einer letzten, höchsten Kulturaufgabe gegenüber müßten schließlich sogar die Unterschiede der Nationen und Stämme unerheblich werden, vollends aber alle Formen der Sklaverei verschwinden; und also fände schon damit die bildsame Kraft ein erweitertes Gebiet, während hellenische Lebenskunst nur ein kleines Volk und nur den durch die Sklaverei allen gemeinen Nötigungen des Tages enthobenen Vollbürger anging. — Und gibt es eine ideelle Macht, welche dennoch den Massen moderner Menschheit schöpferisch gewachsen ist? welche die Verschiedenheit der Rassen von Grund aus zu überwinden, und der Entartung des Menschen zur Feindseligkeit wirklich und wahrhaftig ein Ende zu machen vermöchte?

Auf den Gedanken und das Werk von Bayreuth möchten wir wiederum verweisen, wenn wir nicht mit einem Zweifel, sondern mit einer Gewißheit diesen Gegenstand verlassen wollen. Denn dann vermögen wir uns der Innigkeit der Triebkräfte der ganzen von der Renaissance anhebenden Periode, in all dem drückenden Aussehen der umgebenden Welt zu versichern: wenn wir uns erinnern, daß die Entstehung der deutschen Musik, dieser einzigen zugleich gänzlich originalen und völlig edlen, modernen Macht, eben dieser Periode angehört. So dürfen wir dann selbst dem Andenken des Hellenentums begegnen, ohne es unfromm zu verleugnen: wenn wir uns bewußt sind, was Musik über alle Plastik hinaus uns bedeutet und gewährt.

13.
Der Dichter Bruno.

Entsprechend dieser historischen Betrachtung finden wir das Rätsel, das sich uns in dem Gegensatze zwischen der Unvollkommenheit seiner Lehre und der Innigkeit seiner Überzeugung aufdrängt, im Dichter Bruno gelöst; im Dichter, dessen ideeller Gehalt auch den wahren Inhalt des Philosophen ausmacht, und dessen köstliche Sonettenfülle uns Zeitalter, Volk und Person aufs eigenste empfinden läßt.

Deshalb richten wir hier unsere besondere Aufmerksamkeit auf Brunos rein poetische Schrift, ‚*gli eroici furori*‘, ‚der Wahn eines Helden‘. Aber auch seine beiden philosophischen Hauptschriften, zu denen uns der Verlauf unserer Betrachtung jetzt geführt hat, die nach der *cena delle ceneri*, aber noch im selben Jahre 1584, erschienenen, berühmten Dialoge, *De la causa, principio et uno* und *Dell' universo, infinito e mondi*, mögen uns ihren Inhalt in einem jener Sonette erschließen, die Bruno einem jeden von ihnen vorangeschickt hat. (Eine eigentlich lehrhafte Darstellung der Philosophie Brunos betreffend, nennen wir den

Philosophen Eugen Dühring, in dessen Schriften wir eine lebendige Wiederauffassung der Grunderregung Brunonischen Denkens antreffen.)

Das Sonett, dessen gereimter Übersetzung die terminologische Natur der einzelnen Worte widerstrebte, lautet, in bloß rhythmische Form übertragen:

„Ursache, Urding und ein ewig Eines:
Sein, leben und Bewegen wird daraus,
Es dehnt sich in die Länge, Breite, Tiefe —
Ein großes Wort in Himmel, Erd' und Hölle!

Es lehren mich mein Sinn, Vernunft und Denken:
Geschehen, Maß und Zählung sind noch nicht
Der Drang, die Masse und die Zahl, vor denen
Ein Oben, Unten und Inmitten schwindet.

Nicht blinder Irrtum, Kargheit, Glückes Abgunst,
Nicht dumpfer Haß, nicht Neid, noch niedre Wut,
Nicht Herzenshärte, Bosheit, wilde Gier —

Sie alle trüben meinen Himmel nicht,
Nein, sie umschleiern nimmermehr mein Auge,
Tut, was ihr könnt — doch meine Sonne scheint."

―――

*„Causa, principio et uno sempiterno
Onde l'esser, la vita, il moto pende
E a lungo, a largo, e profondo si stende,
Quanto si dice in ciel, terra et inferno!*

*Con senso, con ragion, con mente scerno
Ch'atto, misura e conto non comprende
Quel vigor, mole, e numero che' tende
Oltr'ogn' inferior, mezzo e superno.*

*Cieco error, tempo avaro, ria fortuna
Sorda invidia, vil rabbia, iniquo zelo,
Crudo cor, empio ingegno, strano ardire
Non bastaranno a farmi l'aria bruna,
Non mi porrann' avanti gli occhi il velo,
Non faran mai, ch'il mio bel sol non mire."*

„Ursache, Urding und ein ewig Eines" — ein letzter, äußerster Begriff vom Sein überhaupt ist hierin ausgesprochen; Metaphysik hat zu allen Zeiten darin bestanden, eine Ausfüllung dieses Begriffes durch positive Eigenschaften aufzufinden und zu lehren. Aber dieser Begriff ist von allerinhaltleerstem Allumfang und daher am allerwenigsten geeignet, auf gleichsam überweltliche Realität Anspruch zu machen. Bruno steckt hier noch ganz in den Banden der Scholastik, obwohl er anderwärts eine Art von Bewußtsein hinsichtlich der Unfruchtbarkeit jenes Begriffes zu haben scheint.

Bedeutsamer ist es, wenn Bruno das im höchsten Sinn Reale im Gegensatz zu „Maß und Zählung", als „Masse und Zahl" bezeichnet. Seine abstrakte Spekulationskraft zeigt sich hier von ihrer glänzendsten Seite und berührt sich mit Kants Unterscheidung der beiden Quellen unserer Erkenntnis. Messen und Zählen sind Verfahrungsarten unseres Verstandes, Masse und Zahl beziehen sich auf das Vorhandensein eines Gegenstandes der Erkenntnis, und auf die Auseinanderbreitung dieses Gegenstandes in unterschiedene (diskrete) Größen. Die unterschiedliche Natur der Dinge ist damit aufs glücklichste als die Wurzel aller Veränderung in der Welt erfaßt.

In die Tiefe der Brunonischen Philosophie aber führt die dritte und gelungenste Bezeichnung der selben Sache, wenn der Drang (*vigore*) dem äußeren Vorgang (*atto*) gegenübergestellt wird. Setzt man dafür das deutsche Wort Wille, nach dem genialen Einfall Schopenhauers, so dürfte sich das Wort *vigore* als zutreffender Ausdruck für die Grundstimmung des Alls erweisen. Die naturphilosophische Seite der Sache ließe sich wohl auch durch das Wort Kraft wiedergeben; daß Bruno aber für dieses Abstraktum einen Inhalt aus einem ganz anderen Bereich, nämlich aus den Geheimnissen der Selbstempfindung entlehnt und den Gehalt der Dinge dem inneren Erlebnis angleicht, in diesem Vornehmen liegt mehr Philosophie als in allen schulmäßigen Ontologieen, ja vielleicht mehr als Philosophie. Wie er vor seinen Gedanken stille steht mit einem „Ein großes Wort in Himmel, Erd und Hölle", wie er ihnen gegenüber ein ganzes Weltbild von Leidenschaften und Mächten der Erde entfaltet, um es schließlich als nichtig und ohnmächtig zu empfinden — diese Vortragsweise gibt den erwähnten Namen und Begriffen einen besonderen Nachdruck; und unter ihnen ist es das Wort *vigore*, aus dem das innige Lebensgefühl Brunonischer Philosophie hervorleuchtet wie der Diamant aus einer Fassung von nüchternem, obwohl wertvollem Metall.

Das folgende Sonett gehört den *Eroici furori* an:

Die Doggen los! Mit allen seinen Hunden
Zum Wald Aktäon eilt. Ein schlimmer Segen
Führt ihn auf ungewiß verschlung'nen Wegen,
Edelsten Wildes Spur hat er gefunden.

Da sah er, was nicht Mensch noch Gott erschaut,
Ein Weib in Wellen — war so wunderhold,
Wie es in Marmor, Elfenbein und Gold
Kein Meister je zu bilden sich getraut.

Der Jäger ist darob zum Wild geworden,
Hat vor den Hunden, die er losgekettet,
In toller Haft das Leben kaum gerettet.

Vom hohen Ziel, vom Fluge ohne Schranken,
Kehrt so ihr jetzt euch um, mich zu ermorden,
O meine unbarmherzigen Gedanken!

Auch hier ist es ein Ungewußtes, und dennoch tief Bewußtes; ein einmal Erschautes, wenn auch nimmer Ausgesagtes. Das ‚nach Wahrheit Streben' zog ein berühmter Deutscher einmal der Wahrheit vor; wehmütig-innig klagt Bruno:

„Auch der, auch jener, der so tapfer lief, daß man bekennen muß, er hätte verdient, das Ziel zu erreichen; er hat das Seine getan, ob er schon nicht den Sieg gewann; der aber fehlt, der inmitten des Laufes verzweifelt und Halt macht, und nicht vielmehr, mit aller Kraft seines Atems und seiner Triebe, und wäre es als letzter, hastet, an das Ziel zu kommen."

Aber mit welcher Erhabenheit nennt er in diesem Sonett die Gedanken bei Namen, die es erfanden und erfaßten, das Ungesagte, und nun seiner Seele nie wieder Ruhe gönnen sollten.

Heftige Leidenschaften, denen äußere Hemmungen ihren Gegenstand entzogen, haben, in Selbstverzehrung und Gewaltsamkeit verkehrt, die Naturen des Grausens hervorgebracht, Despoten und Krieger dämonischer Art. Die Eine große Leidenschaft, der ein Gegenstand nur wie ein Äußerstes, Geahntes gegeben ist, wird innere

Glut, von deren Aufleuchten sodann die genialsten Werke der Literatur, ja der bildenden Kunst Kunde geben. So mögen wir dieses unser Bild verstehen.

Aber ist nicht in diesem seelischen Phänomen, an Rätselvollem und tief innigster Enträtselung, zugleich alles enthalten, was das innerste Wesen der Welt Geheimstes in sich bergen, und Ahnungsvollstes aus sich erschließen kann? Da ist der Wille, der an sich selbst zehrt, der Drang, vor dem Welten ein Hauch sind: der Wille, wie er sich, drangvoll und machtvoll zugleich, den Spiegel des Erkennens vorhält, und sich dadurch zu etwas Neuem, Anderem, was man gar wohl Verneinung nennen mag, zu den Leiden des enthobenen Erkennens, zu den Erhabenheiten von Kunst und Sitte entscheidet und bestimmt — wohl wird sich uns nie eine andere Deutung der Welt offenbaren, so sehr man auch hierin nur wieder das innigste Begehren nach einer solchen Deutung dargestellt finden mag.

Brunos ganze Lehre und Person scheint uns demnach in solchen Versen enthalten zu sein, und wir treffen darin weit mehr als Philosopheme und logische Schemen an, nämlich den vollen Lebensatem eines

Dichters, und das ganze, drangreiche Wähnen eines Helden. —

Sein Schicksal gemahnt ja jeden leicht daran, was glühende Gedanken von der kalten, trüben Welt erwarten dürfen. Jedoch die Flammen, die er in sich trug, sind es eben, die ihn verzehren mußten, ob ihm nun die Mächtigen dieser Erde den Scheiterhaufen errichteten, ob nicht. So mag es sich uns erklären, wenn wir immer wieder gerade mit dem Bilde verzehrenden Feuers die Phantasie des Märtyrers erfüllt sehen. Da zog es ihn hinein, recht wie den Falter in die Flamme: dieses Bild befindet sich unter den Symbolen, in den ‚*Eroici fuori*' geschildert und an der Hand der Sonette erläutert werden. Es zog ihn hinein. Keiner seiner Freunde hat wohl damals begriffen, wie er einen Fuß nach Italien setzen mochte; auch heute will es seinem Anhänger kaum gelingen, sich recht eigentlich, lebensvoll vorzustellen, was ihn, ruhelos, vom Kontinent nach England, von England zum Kontinent, was ihn aus dem Kloster zu den Protestanten und aus der Hochburg des Protestantismus in die Zwingburg der Inquisition getrieben hat. Wahrlich, wie von jener Schlange erzählt wird, daß sie durch ihren Blick ihr Opfer in den greulich offnen Rachen zwingt und zieht, so gemahnt es uns hier:

„Der Schmetterling, wie liebt er Glanz und Gluten,
Ahnt nicht, daß er in ihnen sterben werde,
Es sucht das durst'ge Wild des Baches Fluten,
Wie wüßt' es, daß der Mord auf seiner Fährte?
Der starke Ur auf liebesücht'gen Pfaden
Mag ahnungslos ins Todesnetz geraten.

Ich weiß so wohl, daß mich die Flamme tötet,
Und liebe doch das Licht; die kühle Letze
Des Bachs, der bald von meinem Blut gerötet;
Ich kenne die verräterischen Netze,
Ich kenne sie, ich weiß, daß sie mich fangen,
Verachte sie aus heißem Glückverlangen.

Die Flammen sind so schön, die mich verzehren,
Die Pfeile göttlich, die mich so verwunden,
Wie kann ich mich von einem Wahn bekehren,
Mit dem verwebt mein Wünschen und verbunden?
Die Flammen sind mein Herz, in mir die Pfeile
Und Schlingen, denen nimmer ich enteile."

Er hat darum den Tod nicht gesucht, wenn es auch hier klingt, als habe er den Scheiterhaufen wirklich vor sich gesehen; er liebte das Leben. Er genoß seiner Seele in ihrem leidenschaftlichen Erglühen für große Bilder und kühne Worte — sein einziges Glück, aber dafür auch unnennbar große, wahre Glückseligkeit: die Flammen und ihre Glut bedeuten ihm zugleich ewige Lebenskraft. Darum läßt er sein Auge, wenn auch nur wieder voll sehnsüchtigen Verlangens, auf dem Bilde des Phönix weilen:

„O schöner Phönix! Einziger Sonnenstrahl,
Scheinst du in unser armes Erdental,
Wenn in Arabien deine Zeit erfüllt.

Ein andrer seh' ich dann dich wiederkehren;
Indes die Leidenschaften mich verzehren,
Erstehst du neu, wenn Feuer dich umhüllt.

Und langen Lebens weitgemessne Bahn
Ward dir; doch mir ein ungewisser Wahn —
Gefahren rings! Ach, endet er noch nicht?

Ich frage mich, was wird, was war mein
  Leben —
Ein blinder Wahn! Nur dir ward sie gegeben,
Die stets erneute Wiederkehr zum Licht."

Die stets erneute Wiederkehr zum Licht! Ist es uns nicht dabei, als sähen wir einen Lorbeer seine frischergrünten Blätter in das sonnendurchgoldete Blau eines südlichen Himmels emporranken, Sonne und Leben in einem solchen, vom Himmelslicht durchschienenen, erglänzenden Blatt, Segen und Sonne von oben, Regung des lebendigen Bewegens vom Boden zu ihr empor!

Aber dies blühende und erglühende Leben hatte ihm sein Medusenantlitz gezeigt. Ich finde Stellen in seinen Schriften, die in erstaunlicher Vereinzelung, wie etwas, was sich nicht verschweigen ließ, uns innehalten machen, und unser Blick wird starrer, indem er auf ihnen haftet. Da spricht er einmal von dem Bereiche des Ichs, des Individuellen, wie nur das Verwandte anspreche, gefalle und heile, und wie gerade auch nur das Verwandte wirklich verletze:

„Deshalb, ich weiß nicht, es ist wie Gespenst und Schauder im Anblick eine

Freundes, denn nie kann ein Feind so wie er Unheilvolles und Furchtbares in sich tragen."

Gegenüber dieser unsäglich tiefen Empfindung von dem tragischen Inhalt gerade selbst der sympathischen Beziehungen von Mensch zu Mensch, nimmt es sich nur noch episodisch, wie eine Zufälligkeit aus, daß ihn wirklich ein vorgeblicher Freund verraten hat. So hatte ihn denn, längst vor dem Ende, das Leben gemahnt und stille gemacht, und das Tragische spricht aus seinem Munde in fast wehmütigen Weisen zu uns:

„Schöner Knabe, löstest dein Schiffchen vom Strand,
Mit ungewandter Hand
Ergriffst du das schwache Ruder, aus Lust zum Meere. —
Da, ein jäher Blick, und du hast dein Unheil erkannt.
Denn die verräterisch tödlichen Wellen
Werden im Umschwung den Kahn dir zerschellen,
Bang verstummte dein Mut
Vor der bedräuenden stolz feindseligen Flut.

Laß die Ruder dem starken Besieger und wehre
Dem Ende nicht;

Stilleren Sinnes erwarte den Tod,
Er schließt dir die Augen, daß sie ihn nicht er-
              blicken. —
In höchster Not
Kann denn nichts mehr dich retten oder erquicken?
Strebtest zu kühn und stolz: das ist nun dein Lohn. —
Wär ich doch dem gleichen Geschick ent-
flohn!
Wie durfte mein Denken und Sinnen mich einstens
              beglücken! —
Des Dämons Tücken,
Der mich verführt hat, empfinde ich schon."

14.
Kunst und Philosophie.

In diesem Sinne also erschließt uns der Dichter Bruno den Philosophen. Was er philosophisch endgültig zu sagen hat, vermag er nur dichterisch auszusprechen, weil es im engsten Verbande mit den künstlerischen Erregungen seines Inneren steht.

Sokrates ist vielleicht der erste gewesen, den bei seinem Philosophieren der Gedanke leitete, daß es dabei auf etwas anderes ankomme, als das natürliche Verhalten der Dinge zu erforschen; der erste Philosoph, der die eigentlich entscheidenden Mächte des menschlichen Inneren, bis dahin unbestritten und in naiver Hingebung den Priestern und den Tragöden angehörig, in das Bereich der Überlegung und Belehrung zu ziehen gedachte.

Inzwischen haben sich die Völker über das Ergreifende in den Dingen immerfort von den Künstlern belehren, oder von den Priestern beruhigen lassen. Es brauchte darum kaum erst durch Kant erwiesen zu werden, daß die Erkenntnis, bei äußerster Penetration, doch nur bis zur Ausweisung ihrer Formen gelange, dagegen hinsichtlich des eigentlichen Inhalts der Dinge auf diesem Wege, in diesen aufweisbaren Formen, keine Aussagen zu machen imstande sei.

Was in den Dingen Tränen und Schauer von uns erzwingt, das ist nun aber in jedem Falle der Gegenstand der tiefsten Erwägung, der Andacht und des innigen Erschauens. Solches nenne man dann Kunst, Religion oder Philosophie, je nach der Form, wie sich dergleichen auszudrücken und mitzuteilen versucht. Es ist der selbe Grundtrieb in der Menschenseele, den der Priester als metaphysischen in Anspruch nimmt, den der Philosoph als ethischen auszuwerten versucht und dessen der Künstler als des ästhetischen gewiß ist.

Nach Schopenhauers Ansicht hat Plato, unter dem Namen der Ideen, die Tatsache des künstlerischen Schauens zum Prinzip der philosophischen Enträtselung der Welt gemacht, somit an Sokrates anknüpfend ausgeführt, was jener begonnen hatte. Überflüssiges Beginnen, so könnte man meinen, so lange die Welt lebendige Kunst besitzt.

Hierauf würde der Philosoph antworten: Was nur je ein Künstler im glücklichsten, einzelnen Falle erschließt, das haben wir immerhin auf besondere Weise mitzuteilen. Die Idee, die Grundgestalt, das innere Wesen der Dinge insgesamt ist unser Gegenstand; ihn in Begriffen auszudrücken unsere Aufgabe. Das erste hat die Philosophie mit der Musik (im Unterschiede von allen anderen bloß nachahmenden Künsten), das zweite mit der Dichtkunst gemein. Tritt nun, in der Vereinigung dieser beiden Kunstgattungen, das „Kunstwerk" vor uns hin: so käme der Philosophie, diesem gegenüber, die Aufgabe zu, selbst durch ein Wissen von Natur und Mensch belehrt, zu ermessen, wie künstlerisches Schauen und Schaffen ethische Verbindlichkeit erhalten könne, oder auch: wie der künstlerisch dargestellte Sinn der Dinge Inhalt einer religiös entscheidenden Gesinnung werde.

Allerdings ist es ein und der selbe Gegenstand, der dem gestaltenden Einblick des Künstlers und dem umfassenden Umblick des Philosophen begegnet, insofern das Innere der Dinge ganz allein als ein unserem eigenen Inneren Gleichartiges geglaubt und empfunden, und auch nur so erkannt wird. Wie die Erregung ihrer Seelen eine und die selbe sei, darüber hat uns Giordano Bruno belehrt; er, der uns auch zugleich ein Beispiel gegeben hat, wie diese Erregung eine religiöse Macht bedeute, die Inquisitionen und autoritativen Übermächten widersteht. Und wie sollten wir nicht meinen dürfen, daß in dem Künstler und Denker, der seinen Gegenstand erschaut, etwas dem Verwandtes vorgeht, was der gute Mensch erfährt, wenn er sich seinem Gotte naht?

Die dreifache Verschiedenheit der Form jedoch besteht als solche vielleicht nicht mit Unrecht immerfort; denn man erwäge, daß Philosophie nur einzelne wenige Intelligenzen wirklich bewegt, wahre Kunst nur einzelnen Zeiten geschenkt wird, und wo dergleichen zur Seelenkraft eines Volkes und zur Macht ungemeinen Geschehens werden sollte, man es jedesmal als Religion zu predigen gehabt hat.

15.
Der Wahn eines Helden.

In den ‚*Eroici furori*' spricht sich Brunos Leidenschaft für die von ihm erschaute Lösung des Welträtsels aus, die darin gipfelt, im innersten Kern der Welt, im tiefsten Grunde der Dinge ein Gegenbild zu der Grundstimmung seines Inneren aufzunehmen. Von den Sonetten führen wir noch einige weitere an, in denen die Erfassung eines mythologischen Bildes, die Glut eines einzelnen Wortes uns wirklich die Gedanken Brunos erschließt, mehr als Thesen oder Beweise es irgend vermöchten. Diese Verse haben nie einen philosophischen Gegenstand und lehrhaften Inhalt, aber gerade darum müssen wir den eigentlichen Gehalt der Philosophie, unter der Form des ihrem Urheber innewohnenden Erkenntnis-Affektes, als ihren wahren Gegenstand erkennen.

Es ist vor allem das Bild der Liebe, unter dem der Nolaner diese Beziehung seiner Gedanken zu der wahren Bedeutung des Weltalls darstellt; bald das eines einmaligen, aber für immer bestimmenden und verbindenden Erschauens, bald des Sehnens und Suchens, zuweilen aber auch das eines unzerstörbaren Bundes. Selbst in diesem letzteren Fall jedoch ist die t r a g i s c h e G r u n d a u f f a s s u n g vorherrschend; sie ist es, die den heroischen Charakter dieses ‚Wahnes' ausmacht. Ohne diese starke Empfindung für das Tragische würde uns Bruno nicht als Dichter so bedeutsam erscheinen können; er würde aber auch, im engsten Zusammenhange hiermit, für seine Philosophie keine so tiefe und ernstliche Teilnahme erwecken können. Eine solche Teilnahme steigert sich in diesem Falle noch dadurch, daß der Philosoph, mit den Bildern des Tragischen überhaupt beschäftigt, häufig sein wirkliches Ende vorauszusehn und im voraus zu schildern scheint.

Viele freilich werden sich durch einen Einblick in diese Poesieen bewogen finden, sie für Liebesgedichte zu halten und ihrer Entstehung, dem entsprechend, nachzuforschen. „Hohes Lied" wollte er selbst sie benennen: unter diesem Namen ist ja auch ein wirkliches Liebesgedicht in den alttestamentlichen Kanon aufgenommen worden. Wir möchten über jene Vermutung nicht sprechen, überzeugt, daß auch das erotische Erlebnis Brunos, das ihn etwa in

London gefesselt hat, — die Schönheit der Frauen Englands hat er wirklich besungen — einen „heroischen" Charakter an sich getragen haben wird. In jedem Falle, auch nach Entdeckung der merkwürdigsten Umstände und Tatsachen, werden uns in biographischer Hinsicht immerfort Gedichte wie die folgenden belehren können:

Wenn Morgenwind vom hellen Osten weht,
Verläßt der Landmann seine enge Hütte,
Er lenkt zu rüst'ger Arbeit seine Schritte,
Und schafft, bis hoch die Sonn' am Himmel steht.
Dann läßt er müde sich im Schatten nieder,
Und trocknet sich die Stirn und reckt die Glieder.

Dann wieder fleißig, und aufs neu ermattet,
Bis wenn die Dunkelheit vom Himmel steigt,
Ihn Schlaf umfängt. — Wenn alles nächtens schweigt,
Ist's laut in mir, und nie bin ich umschattet.
Ihr Sterne, ihr, dies zwiefach glüh'nde Licht,
Seid mein Geschick — der Mittag endet nicht.

———

Ich schwinge die herrliche Fahne der Liebe,
Erstarrt alles Hoffen, erglüht alle Triebe,
So eisig die Zeit, als brennend mein Sehnen,
Ich lebe und sterbe, ich lache in Tränen,
Ich schweige, und all der Himmel erschallt —
Mein Auge in Strömen, mein Busen in Flammen,
Vulkanus und Chetis herrschen zusammen
In mir durch Feuers- und Flutengewalt.

Was ist's, daß ich anderes liebe, mich hasse,
Was ist's, daß ichs jage und nimmer erfasse?
Ich stehe im Schatten, und sehe es prangen,
Versinke, und seh' es zur Höhe gelangen —
Ich rufe — es schweigt; wie es mich neckt!
Ich folg' ihm, ich folg' ihm — und will ich verschnaufen,
So seh ichs verschwinden, muß neu nach ihm laufen,
Und suche, was immer tiefer versteckt.

———

Vor heißer Sehnsucht sterbend, muß ich leben,
Wie zwischen Höll' und Himmel muß ich schweben,
Wünsche und Zweifel, beide zu Hauf.

Ich sehe mich im Umschwung zweier Speichen,
Die zackig scharf gerändert sich erreichen,
Die eine zur Tiefe, die andre hinauf.

Irions Qualen hab' ich da empfunden:
Dieselben Zähne, welche mich verwunden,
Spornen des Rades nicht endenden Lauf.

―――

Du teure, holde, ehrenvolle Wunde
Des schönsten Pfeils, den Amor je entsandte,
Wie hehr, wie wundervoll mein Herz entbrannte,
In schönen Gluten nun zu jeder Stunde.

Heilkräftiger Kräuter höchste Wunderkunde,
Aus meinem Innersten dich nie verbannte,
Die Zauberkraft kein Zauberer erkannte,
Durch die mein Herz so teurer Qual gesunde.

Nie sah so süßen Schmerz die stete Sonne,
Und dessen Dräuen nimmer ich enteile,
Da Heilung Jammer mir, mein Unheil Freude.

Ein Blick! O ich erkenne deine Pfeile,
Wie sicher, Amor, bist du deiner Beute,
So süß erregt, ist meine Wunde Wonne.

―――

Doch wüßt' ich nie die Liebe anzuklagen;
Wie könnt' ich ohne sie denn selig sein!
Nie will ich ihrem Dienste mich versagen,
Schafft sie mir schon die tränenvollste Pein.

In Wolkendüster und in hellen Tagen,
So einzig sie, wie ich ihr treu allein —
Wie drohte je ein Wechsel unserm Bunde?
Er überdauert selbst die Todesstunde.

Und meine Seele kennt kein ander Leben,
Zur Wonne sie den Jammer sich ersah,
Sie liebt die Tränen, die den Tod ihr geben,
Nur was mein Wesen wählte, das geschah.

―――

O Liebesleidenschaft, durch die ich sehe!
Der Wahrheit Schleier schlag' ich kühn zurück,
Und einen Gott enthüllt in mir ein Blick,
Der Blick, durch den ich lebe und erstehe.

Was Himmel, Erd' und Hölle mag erfüllen,
Vom fernsten Sein lebendige Gestalten,
Unsinn'ger Kräfte, wilder Wesen Walten,
Kann wohl befragt mein Herz euch nun enthüllen.

Wie bist du, eitles Volk, so schlecht gesinnt!
Erfändest je du meines Blickes Kraft?
Dein wechselnd Wähnen schilt mich launenhaft,
Ich pred'ge Tauben, darum heiß ich blind.

———

Als ich in mir den Parnassos fand,
Erklomm' ich ihn unverdrossen;
Meine Gedanken im Musengewand
Waren mir hehre Genossen.

Und wie das Sinnen mich überwand,
Sind mir die Tränen entflossen,
So schenkte ein Gott mir den Berg Parnaß,
Musen und Helikons heiliges Naß.

Kaiser und Papst, seht, wie ich wähle,
Könige, eurer Gunst bin ich satt —
Tränen und Sinnen, o meine Seele,
Und in den Haaren ein Lorbeerblatt.

Hierzu nun, zu diesem Dichterlose, das sich unser Denker erkor, fügte seine Mitwelt, die Renaissance, den Scheiterhaufen hinzu. Dieser, der Scheiterhaufen, scheint in den letzten angeführten Versen, auf einen Augenblick, vergessen; wir jedoch, durch die Tatsachen belehrt, müssen ihn vielmehr stets vor uns sehen, wenn man uns die Namen Renaissance und Giordano Bruno nennt.

Das ist der Mutterschmerz der Wahrheit, daß sie den Schoß zerreißt, der sie gebiert. Ein jedes Neuerschaute wird für den, der es erschaut hat, ruhlose Qual. Es muß ja wohl so sein, daß das Neue, weil neu, nicht vernommen wird, und der Denker, weil er selten ist, einsam bleibt.

Es war der Wahn eines Helden, an seine Zeit zu glauben. Ein tollkühner Wahn, der ihn in den Tod lockte. Und vielleicht war es auch wirklich der Held, der prophetarische Nolaner, den seine Richter zuerst begruben und vergessen werden ließen, um ihn dann achtloser töten zu dürfen; seine Thesen boten vielleicht nur den überdies unzureichenden Vorwand, ihm das Ende zu bereiten, zu dem seine Person herausforderte. Es wäre dann in jeder Beziehung ein und derselbe Zug gewesen, der den Bruno todeswert und — unsterblich gemacht hat.

Seine Asche verflog. Ein Augenzeuge seines Todes widmete ihm den höhnischen Nachruf: „Verkünde er nun jenen anderen Welten, von denen er ja zu sagen wußte, wie man in Rom Lästerer bestraft". Wohl hat er zu anderen Welten gesprochen, während jener acht Jahre — acht glühend heißer Dichterjahre in den Kerkern der Inquisition — mit denen seine Welt, seine Mitwelt sich dagegen verwahrte, ihn weiter anhören zu müssen. Eine wenigstens, insofern sie nicht Mitwelt ist, gerechtere Nachwelt hat das ungeheure Wort seines Martyriums vernommen.

Es ist ein Geschick voll furchtbarer Verantwortlichkeit, Mitlebende eines Mannes zu sein, der seiner Zeit Etwas zu sagen hat: hören wir ihn nicht, so wird dieser einzige Mensch das Andenken seiner Mitwelt, mit einem Fluch belastet, auf die Nachwelt bringen. Mit Recht. Denn dies ist nur die äußere Seite der Sache, dieses Urteil, das auch erst wieder wenige und späte Nachkommen auszusprechen imstande sind. Der innere Unwert eines Zeitalters gibt sich darin kund, nur und gerade darin, daß es Trieben, die in weite Zukunft weisen, weil ihr Inhalt ewig ist, keine Nahrung zu geben vermag, und sie kaum in der tragischen Vereinzelung des Martyriums dem Gedächtnisse der Menschheit überliefert.

In diesem Sinne muß uns das Gedächtnis Giordano Brunos eine Mahnung sein. Gedenken wir, wie ein Bruno für einen Gedanken, für die These des Kopernikus, für die Beseeltheit der Welten, lebte und starb, so verdanken wir ihm dann sogleich auch das Beispiel, wie wir etwa einer solchen Mahnung gerecht zu werden vermöchten. Was ist uns heute die Ungezähltheit der Welten, für die jener gefangen saß! Oder die Beseeltheit der Welt? Glaubst du, daß in der harten Wirklichkeit der Dinge etwas sei, was den Melodien unsres Innern innig verwandt ist, und daß das Geheimnis unsrer Seele, Liebe, zugleich Glück, Macht und Leben ist? Glaubst du es? Ist das Glaube, für den du sterben kannst? —

Nur indem wir die wahren Gedanken unserer Tage mit der ganzen Macht des Glaubens erfassen; nur, wenn wir uns den gegenwärtig wirklich vor uns stehenden Erhabenheiten hingeben und völlig widmen, dürfen wir getrost sein und, zwar mit tiefer tragischer Besinnung, aber mit dem Ernste eines Entschlusses und darum ohne Entsetzen, von dem Geschicke eines Giordano Bruno, von dem Wahn eines Helden scheiden.

Editorische Notiz:

Der Text der vorliegenden Edition folgt der Neuauflage: Heinrich von Stein: Giordano Bruno – Gedanken über seine Lehre und sein Leben. Herausgegeben von Friedrich Poske, Heimat Verlag, Leipzig und Berlin 1900.

Die Orthographie wurde behutsam modernisiert, der originale Lautstand und grammatikalische Eigenheiten bleiben gewahrt. Die Interpunktion folgt der Druckvorlage, Fehler wurden stillschweigend korrigiert.

www.ingramcontent.com/pod-product-compliance
Lightning Source LLC
Chambersburg PA
CBHW070946230426
43666CB00011B/2577